Elke Kößling

Gebrauchsanweisung für Südengland

Elke Kößling

GEBRAUCHSANWEISUNG für Süd-england

Piper München Zürich

Außerdem liegen vor:

Gebrauchsanweisung für Amerika von Paul Watzlawick
Gebrauchsanweisung für Andalusien von Nikolaus Nützel
Gebrauchsanweisung für Bayern von Bruno Jonas
Gebrauchsanweisung für Deutschland von Maxim Gorski
Gebrauchsanweisung für England von Heinz Ohff
Gebrauchsanweisung für Griechenland von Martin Pristl
Gebrauchsanweisung für Hamburg von Stefan Beuse
Gebrauchsanweisung für Irland von Ralf Sotscheck
Gebrauchsanweisung für Israel von Martin Wagner
Gebrauchsanweisung für Italien von Henning Klüver
Gebrauchsanweisung für Japan von Gerhard Dambmann
Gebrauchsanweisung für Kuba von Arno Frank Eser
Gebrauchsanweisung für Mallorca von Elfie Donnelly
Gebrauchsanweisung für Mexiko von Susanna Schwager/
Michael Hegglin
Gebrauchsanweisung für München von Thomas Grasberger
Gebrauchsanweisung für New York von Natalie John
Gebrauchsanweisung für Portugal von Eckhart Nickel
Gebrauchsanweisung für Schottland von Heinz Ohff
Gebrauchsanweisung für die Schweiz von Thomas Küng
Gebrauchsanweisung für Spanien von Paul Ingendaay
Gebrauchsanweisung für Südfrankreich von Birgit Vanderbeke
Gebrauchsanweisung für Tibet von Uli Franz
Gebrauchsanweisung für Tschechien von Jiří Gruša

ISBN 3-492-27508-7
Originalausgabe 2002

Gesetzt aus der Bembo-Antiqua
Gesamtherstellung: Clausen & Bosse, Leck
Printed in Germany

www.piper.de

Inhalt

Eine Art Vorwort

There'll be bluebirds over the white cliffs of Dover,
Tomorrow, just you wait and see.
Nat Burton, *The White Cliffs of Dover*

Liebe Leserin, lieber Leser,

die »Gebrauchsanweisung für Südengland« ist ein ungewöhnlicher Reiseführer. Hoteladressen und Informationen über Kirchen und Museen finden Sie hier nicht. Dafür bekommen Sie aber einen um so umfassenderen Einblick in die südenglische Mentalität. Sie lernen sie durch landestypische Veranstaltungen wie Schlammschlachten und Gespenstertouren ebenso kennen wie durch kulinarische Spezialitäten und Sehenswürdigkeiten, die nicht im Baedeker stehen.

Natürlich wissen wir, daß man auch über die Grenzen Südenglands hinaus Cricket spielt und Picknicks macht – aber niemand macht es mit so viel Stil wie die Südengländer. Das gilt auch für einige andere Aspekte, die hier Erwähnung finden. Aber hätte man sie weggelassen, würden wichtige Bausteine im Puzzle der südenglischen Mentalität fehlen.

Lassen Sie sich also entführen an die englische Südküste, zu Druidenfestivals, auf Dorffeste und in Trödelläden. Und lernen Sie vor allem die Menschen kennen, die in Südengland leben und uns so nah und dann doch wieder so fern sind.

Bei dieser Reise wünsche ich viel Vergnügen.

Elke Kößling

Reif für die Insel

Oh, to be in England
Now that April's there ...
Robert Browning,
Home Thoughts from Abroad

Möwen hüpfen, voller Hoffnung auf ein leicht verdientes Frühstück, von Auto zu Auto. Sie sitzen auf den Motorhauben, den Kopf schiefgelegt, und schauen die Insassen auffordernd an. Die Sonne spiegelt sich in den Scheiben. Über allem liegt ein Duft von Diesel, Fisch und Urlaub.

Es ist 7 Uhr morgens auf dem Parkplatz von *Hoverspeed* in Ostende, auf dem Niemandsland hinter dem Check-In der Englandfähre, wo die Ticketausgabe einem Ritual ähnelt, die Kofferräume auf illegale Passagiere überprüft und die Fahrzeuge in die gelb numerierte Spur eingewiesen werden.

Den Reisepaß noch zwischen den Zähnen wühlen die Reisenden in allen Autos nach Kugelschreibern, um die Bordkarten auszufüllen: Name, Vorname, Geschlecht. Liegt eine Körperbehinderung vor, die im Falle der Evakuierung des Schiffs Unterstützung der Crew erfordert?

Ein Mitarbeiter von *Hoverspeed* kreuzt zwischen den Autos und sammelt die ausgefüllten Schnipsel ein. Er freut sich über das schöne Wetter und verspricht eine reibungslose Überquerung des Ärmelkanals. Es hätte uns interessiert, wie die Crew die Passagiere, die im Ernstfall Hilfe benötigen, an Bord finden will, statt dessen unterhalten wir uns über die bevorstehende Abfahrt. »Gleich geht es los«, kündigt er an, und die Möwen nicken ihre Zustimmung.

7.30 Uhr in Ostende: Eine Lautsprecherdurchsage bittet die Reisenden, zu ihren Autos zurückzukehren. Die ersten Motoren starten, Möwen fliegen auf. Ein Mann in einer gelben Sicherheitsweste winkt, die Kolonne in Reihe 3 setzt sich in Bewegung. »Klack, klack« heißt der Katamaran jedes Auto willkommen, das über seine Rampe fährt. Mitarbeiter mit Piratengesichtern in öligen Overalls weisen den Fahrzeugen ihre Plätze zu. Zwei rechts, drei links. Rückwärts die Rampe hoch und auf der Stelle gewendet. Stop! Gang einlegen, Handbremse ziehen. Während sich die Passagiere aus den dicht aneinandergeparkten Fahrzeugen zwängen, suchen andere bereits ungeduldig und orientierungslos den Aufgang aus den Gedärmen des Schiffs zum Licht, Richtung Restaurant und Shop.

Jede Überfahrt ein Abenteuer, kommentiert ein zahnloser Einweiser mit breitem Grinsen und zurrt gekonnt und flink die Reifen fest.

Eine Weile noch begleiten uns die Appartementhäuser entlang der belgischen Küste. Dann dreht der *Superseacat* ab, gen Norden, und beginnt, sich leicht auf den Wellen zu wiegen: Wir kreuzen den Kanal. Der Kapitän meldet sich zu Wort und bedauert mit Grabesstimme »a slight deterrrrriorrration of the weatherrrrr«, eine geringfügige Verschlechterung des Wetters. Die Wogen rollen mindestens genauso schön wie die »Rs« des unsichtbaren Captains.

Der Lautsprecher räuspert sich wieder, einmal, zweimal. Eine schrille Frauenstimme verkündet, daß in Kürze der Shop geschlossen wird. Erst auf englisch, dann auch noch auf holländisch und französisch, bis überall Leute aufspringen, um noch einmal in den *travel value*-Laden zu stürmen, der keine zollfreie Ware mehr verkaufen darf, aber Preise unter englischen *high street prices* verspricht. Die Ansage verschweigt, daß das keine Kunst ist und der angepriesene Whisky und Wodka, die edlen Wässerchen von Armani und Lagerfeld auf dem Kontinent entschieden preiswerter zu erwerben sind.

Wahre Englandtouristen kümmert das herzlich wenig. Sie drücken sich an den gischtbespritzten Fenstern die Nase platt und warten darauf, einen ersten Blick von der Insel zu erhaschen. »Da!« ruft der erste stolz, als habe er England soeben entdeckt. »Die Klippen von Dover!«

Immer näher rücken sie, bis sie weiß und majestätisch in der Morgensonne leuchtend vor uns liegen. Der *Superseacat* gleitet langsam in den Hafen. Die Autopassagiere werden aufgefordert, zu ihren Fahrzeugen zurückzukehren. Alles drängt sich auf der Treppe, versucht, sich zu erinnern, auf welcher Etage das Auto steht. Die ersten kämpfen sich bereits verschämt grinsend vom Untergeschoß zurück nach oben. Irgendwann hat auch der letzte seinen Wagen gefunden. Flott schickt die Crew die Reisenden hinaus in den englischen Morgen.

»Links fahren« erinnern Schilder in regelmäßigen Abständen.

Möwen begrüßen mit lautem Kreischen die Neuankömmlinge, im Hafen bereiten sich Segelboote auf die Ausfahrt vor. Auf der Pier stehen Angler, neben ihnen Plastikeimer und Thermoskannen.

Auf dem Weg zur Paßkontrolle kurbeln wir die Fenster herunter und atmen tief durch. Selbst der Wind riecht nach England.

Egal, ob Sie ab Ostende oder Calais anreisen: Eine Reise nach Südengland beginnt mit der Überfahrt über den Ärmelkanal. Man könnte natürlich auch nach London fliegen und ein Auto mieten. Oder den Kanal unterqueren. Letzteres kostet genauso viel wie die Fähre und ist im Prinzip recht einfach: Man fährt in einen Zug wie in eine Waschstraße hinein, bleibt eine halbe Stunde im Auto sitzen und vertreibt sich die Zeit damit, den Sender mit den Tunnel-News im Autoradio zu finden. Dann fährt man aus dem Zug wie aus einer Waschstraße wieder hinaus, mit dem einzigen Unterschied, daß das Auto noch genauso dreckig ist wie vorher. Früher boten die Fährgesellschaften übrigens den kostenlosen Service an, daß die Windschutzscheibe während der Überfahrt gründlich vom Schmutz gereinigt wurde. Leider ist dieses praktische Angebot irgendwann Sparmaßnahmen zum Opfer gefallen. Aber zurück zum Tunnel: Nachdem man in einer utopisch anmutenden Landschaft im Hinterland von Calais in Frankreich im Erdboden verschwand, taucht man irgendwo in den grünen Hügeln von Kent wieder auf. Genau das ist die Krux. Vom Ärmelkanal hat man bei dieser Art der Anreise nicht einen Tropfen gesehen, und man kann sich des Gefühls nicht erwehren, um eine Erfahrung betrogen worden zu sein.

Lassen Sie mich an dieser Stelle den Begriff Südengland näher definieren: Streng genommen handelt es sich dabei um den Teil der Insel, der sich südlich der M4, der Autobahn, die London mit Bristol verbindet, von Kent im Osten bis, na sagen wir, Wiltshire erstreckt. Danach beginnt eigentlich der Westen, der aber, da er in England im Süden liegt (der geographische Westen des britischen Hauptlandes ist nämlich Wales), großzügig in den Begriff Südengland mit eingemeindet wurde. Die Rede ist von den Grafschaften Dorset, Somerset, Devon und Cornwall. Allerdings fällt das keltisch geprägte Cornwall, die westlichste Spitze des in den Atlantik ragenden Zipfels, dann doch wieder etwas aus dem Rahmen, da Cornwall eben Cornwall und nicht so richtig England ist.

Die Britische Fremdenverkehrszentrale unterteilt Südengland in drei Teile: Südostengland, Südliches England und »the West Country«, den Westen. Dessen Lage habe ich Ihnen oben bereits beschrieben, aber mit dem sogenannten »Südlichen England« verhält es sich auch recht kurios: Eingepfercht zwischen Südosten und Westen macht »Southern England« einen gewagten Schlenker weit nach Norden, über die M4 und die Themse hinaus, sogar bis nach Milton Keynes. Nach dieser Interpretation gehört auch Oxford ganz offiziell zum englischen Süden. Da die Britische Fremdenverkehrszentrale, auf diesem Gebiet garantiert als Autorität zu verstehen, auch Dorset mit zum »Südlichen England« zählt, die Grafschaften Somerset und Avon aber – zu Recht – zum Westen, kommt es zu einem weiteren geographischen Kuriosum: Plötzlich liegt in diesem Teil Großbritanniens der Westen zur Abwechslung mal nördlich vom Süden. Verwirrt? Macht nichts. Sie werden sich trotzdem zurechtfinden. Statt der geographischen Eigenheiten könnte ich Ihnen genauso gut die Spielregeln von Cricket erklären. Frei nach dem Motto: Wer drin ist, ist nicht dran, denn dran ist, wer draußen ist. Oder so ähnlich. Aber dazu kommen wir später noch einmal im Detail.

Deshalb zurück zur Geographie. Aus persönlichen Gründen überwiegen in dieser Gebrauchsanweisung Geschichten über die Menschen im Westen, der aber, siehe oben, auch Süden ist, deshalb von Deutschen in der Regel mit »Südwesten« beschrieben wird, auf Englands Autobahnen aber einfach mit »The West« ausgeschildert ist, auch wenn Sie bei Bristol auf die M5 Richtung Süden abbiegen müssen, da Sie sonst, wenn Sie wirklich weiter nach Westen fahren würden, in Wales landen würden. Aber das sagte ich ja schon.

Doch sind die Himmelsrichtungen eigentlich völlig irrelevant. Denn fast alles im Leben und ganz besonders in England ist relativ und im übrigen – vielleicht werfen Sie einfach einen Blick auf eine Landkarte, wenn Sie im Zweifel sind.

Südengland ist freilich nicht nur ein Flecken auf der Landkarte, sondern steht für all das, woran wir denken, wenn wir England hören: Sprache, Kultur und Lebensart, eingebettet in einer lieblichen Landschaft, prägen unser Bild vom Nachbarn jenseits des Kanals, der sich in typisch englischer Liebe zur Exzentrik weiterhin – mehr oder weniger erfolgreich – darum bemüht, in *splendid isolation* europäischer Gleichmacherei zu trotzen.

Der englische Süden hat dem ganzen Land die Standardaussprache gebracht, die die absonderliche Bezeichnung »Received Pronunciation« trägt, der selbst den Wissenschaftlern, die ihn prägten, zu lang ist, und deshalb kurz und bündig »RP« genannt wird.

Die englische Sprache wird in vielen verschiedenen Akzenten gesprochen. Die »Ureinwohner« des Westens sprechen in einem sanften Schnurrton, dem *burr*, der sich auch in der amerikanischen Aussprache wiederfindet. Das Cockney Londons wanderte mit den ersten (unfreiwilligen) Siedlern nach Australien aus. Der Akzent der Midlands und des englischen Nordens, der zum Beispiel mit Vorliebe aus einem langen »a« ein kurzes »u« macht (aus *love* wird so etwas wie *luv*), ist in britischen Fernsehserien wie der Dauersoap »Coronation Street« allgegenwärtig. Aber es ist die gepflegte Aussprache der Grafschaftsbewohner südlich von London, die von den Ansagern und Moderatoren der BBC in Radio und Fernsehen benutzt wird. Auch unser Schulenglisch basiert, zumindest in der Theorie, auf diesem Akzent, den wir auch als »Oxford English« kennen, da seine Gralshüter in der altehrwürdigen Universitätsstadt angesiedelt sind.

Das Phänomen, daß der Akzent nicht nur die regionale Herkunft, sondern auch etwas über die Schulbildung und damit die Klassenzugehörigkeit verrät, ist in England besonders ausgeprägt. Übrigens sprechen nur ungefähr drei Prozent der Bevölkerung ständig in »RP«, der Rest hält eisern an regionalen Akzenten fest, trotz des gesellschaftlichen Drucks und der Egalitarisierung durch das Fernsehen. Kein Arbeiter, der etwas auf sich hält, würde freiwillig die als pikfein geltende Standardaussprache von sich geben. Wehe aber, bei einem BBC-Sprecher ist auch nur ein Hauch von regionaler Spracheinfärbung zu hören, dann bricht ein Sturm der Entrüstung über dem Sender los.

Kein Wunder, daß der englische Süden die allgemein akzeptierte Hochsprache hervorgebracht hat und auch tapfer hält. Trägt doch nicht umsonst die Gegend südlich von London den Spitznamen *Stockbroker Belt*. Hier wohnen wohlhabende Menschen, die tagsüber in der Londoner City viel Geld verdienen und abends in ihre gepflegten Anwesen nach Kent oder Surrey zurückkehren. Der »Börsenmaklergürtel« bildet einen ständig wachsenden Ring von Vororten um London, in denen die Häuser alle so aussehen, als seien sie kürzlich den Zeitschriften »Homes & Gardens« oder »Country Living« entstiegen. Wagen der Luxusklasse und geländegängige Jeeps, die sich wohl kaum je auf einer unbefestigten Straße werden bewähren müssen, stehen in kiesbestreuten Auffahrten vor Mock-Tudor-Villen, man spielt Tennis, Golf und hält ein Pferd.

Der Süden Englands wird eher mit Reichtum assoziiert als der rauhere Norden, den man mit Arbeiterstädten, rauchenden Schloten und der Wiege der Industriellen Revolution in Verbindung bringt. Die viktorianische Schriftstellerin Elizabeth Gaskell widmete 1855 dem Unterschied zwischen den Werten und Gebräuchen des ländlichen Südens und des industriellen Nordens den Roman »North and South«. Vieles hat sich zwar seitdem verändert, vieles nicht.

Im Süden gibt es keine nennenswerte Großindustrie. Die Wirtschaft ist vom Dienstleistungsgewerbe geprägt. Auch die Landwirtschaft spielt immer noch eine große Rolle, wenn auch den Farmern das Überleben angesichts verfehlter Agrarpolitik, BSE, Maul- und Klauenseuche und Schweinefieber immer schwerer fällt. Natürlich gibt es auch im Süden nicht nur reiche Menschen. Gerade die ländlichen Gebiete im Westen, in denen in den letzten Jahren immer mehr Betriebe geschlossen wurden, verlieren die jungen Leute an die Städte, allen voran London. Watchet in Somerset, um nur ein Beispiel zu nennen, war noch vor wenigen Jahren ein florierendes Hafenstädtchen. Ältere Einwohner erzählen vom regen Treiben auf der Hauptstraße, auf der die Näherinnen der Hemdenfabrik flanierten, während im Hafen Holz, Eisenerz, walisische Kohle, Getreide und Papier umgeschlagen wurden. In der umgebauten Hemdenfabrik ist heute unter anderem die Arztpraxis untergebracht. Dort, wo Näherinnen und Hafenarbeiter einst ihren Lunch einnahmen, fristet jetzt einer von vielen Trödelläden sein verstaubtes Dasein. Der Hafen wurde gerade mit europäischen Zuschüssen für regionale Entwicklung zu einem Yachthafen umgebaut, mit zweifelhaften Aussichten auf Erfolg. Die Papierfabrik gibt es noch, doch bietet der Hersteller von Produkten aus Altpapier nur wenige Arbeitsplätze. Ansonsten bleibt nur die Hoffnung auf einen Aufschwung durch den Tourismus, der aber wegen der Folgen der Maul- und Klauenseuche auch nicht boomt.

Gemeinsam ist den wenigen großen Städten des Südens ihre Lage am Meer. Handel und Marineaktivitäten verliehen Hafenstädten wie Portsmouth, Southampton, Plymouth und Bristol Bedeutung. Mit 440 000 Einwohnern schlägt Bristol die anderen Städte um fast hundert Prozent. Eine größere Stadt gibt es im Süden nicht.

Aber wer sucht nach pulsierenden Großstädten, wenn man klein(st)städtische Juwele wie Canterbury, Salisbury, Bath und Exeter findet. Nehmen wir noch Kleinode wie Winchester und Wells hinzu – wahre Pilgerstätten für Historiker, Architektur- und Literaturbegeisterte. Überhaupt die Literatur: Ganz Südengland ist ein Quell literarischer Meisterwerke. Sie könnten Ihren gesamten Urlaub in eine Literatour umwandeln. Eine der großen und bekanntesten Literatinnen ist Jane Austen, die Anfang des

19. Jahrhunderts mit Charme, Humor und spitzer Feder die Gesellschaft ihrer Zeit in mikroskopischer Feinarbeit sezierte. Sie schuf dabei Figuren, deren Schwächen und Stärken auch fast 200 Jahre später noch aktuell sind. Mr. Darcy, hartnäckiger Junggeselle aus »Stolz und Vorurteil« dürfte auch heute noch zu den begehrtesten Männern gehören. Der aufmerksame Englandreisende wird in der modernen englischen Gesellschaft durchaus Züge und Eigenschaften finden, die ihm aus der Lektüre von »Stolz und Vorurteil« oder »Sinn und Sinnlichkeit« hinlänglich bekannt sind. Da alle Jane-Austen-Romane mehrfach verfilmt worden sind, kann er sich, ausgerüstet mit dem entsprechenden Führer des Britischen Fremdenverkehrsamts, gleich auch noch die historischen Bauwerke ansehen, die als Filmkulisse dienten. Dazu gehören zum Beispiel Montacute House in Somerset oder das ganze Dorf Lacock in Dorset (die zu dem Dorf gehörige Abbey wurde übrigens für den Harry-Potter-Film in die Zauberschule Hogwarts umgewandelt).

Jane Austen hielt sich nicht lange mit Landschaftsbeschreibungen auf, dafür lag ihr Augenmerk zu sehr auf den Spleens ihrer Zeitgenossen. Doch eine Stadt, die neben London eine herausragende Rolle in ihren Werken spielt, ist Bath, die Gesellschaftsmetropole des 18. Jahrhunderts, in der auch Jane Austen einige Zeit ihres Lebens verbrachte. Zeremonienmeister und König der Spieler Richard »Beau« Nash (1674–1761) hat dem in der Biegung des Flüßchen Avon gelegenen Badeort, den schon die Römer zu schätzen wußten, den Ruf der elegantesten Stadt des britischen Empires eingebracht. Noch heute gilt Bath als schönste Stadt Südenglands. Pro Jahr kommen etwa dreißigmal so viele Besucher wie der Ort Einwohner hat

(85 000). Jeder, der schon einmal versucht hat, mit dem Auto in die Stadt zu kommen, um auf den Spuren von Miss Catherine Morland und Anne Elliot, den Heldinnen aus »Kloster Northanger« und »Überredung«, durch die Versammlungssäle und entlang der georgianischen Architektur zu wandeln, wird dies gerne glauben.

Jane Austen starb 1817 in der Königsstadt Winchester. Das Haus Nr. 8, College Street in der Nähe der Kathedrale und direkt neben der ältesten *Public School* (Privatschule) des Landes, Winchester College, gelegen, gehört zum Pflichtprogramm auf der Jane-Austen-Pilgerstrecke durch Südengland. Allerdings müssen sich die Fans damit begnügen, die Außenansicht des schlichten Gebäudes zu fotografieren, ist das Haus doch private Wohnstätte und kein Museum.

Winchester war einst die Hauptstadt des angelsächsischen Königreichs Wessex, dem Gebiet der West Saxons, die im 6. Jahrhundert in Hampshire siedelten und immer weiter nach Westen und Norden vordrangen. Seit Egberts Krönung im Jahr 827 war Winchester Hauptstadt von ganz England. Erst Ende des 17. Jahrhunderts verlor es diesen Status für immer an die Metropole London. Die einstige Bedeutung Winchesters läßt sich nur noch erahnen. Doch der Name Wessex lebt weiter: Anläßlich seiner Hochzeit mit Sophie erhielt der jüngste Sproß der Queen, Prince Edward, den Titel Duke of Wessex. Gehen wir zumindest davon aus, daß Queen Elizabeth dabei das alte Königreich und nicht den fiktiven Landstrich Südenglands meinte, der der Phantasie des viktorianischen Schriftstellers Thomas Hardy zu verdanken ist. Seine Geschichten sind in den Grafschaften rund um Dorset angesiedelt. Die Orte sind erkennbar, trotz ihrer fiktiven Namen. So machte Hardy aus Dorchester Casterbridge, Exeter zu Exonbury und Salisbury zu Melchester. Es ist letztlich ungeklärt, warum Thomas Hardy sich so viel Mühe machte. Seine Charaktere wandern entlang bekannter Straßen; Städte und Dörfer, Landschaften und sogar Häuser sind deutlich erkennbar. Bis in die Details übertrug der Autor die reale in die fiktionale Welt.

Das strohbedeckte Cottage im Dörfchen Higher Bockhampton bei Dorchester, in dem Thomas Hardy 1840 als Sohn eines Steinmetz geboren wurde, steht heute unter der Obhut des *National Trust*, einer dieser Institutionen, die zur britischen Eigenart geworden sind. Diese Organisation, 1895 von drei viktorianischen Philanthropen gegründet, hat sich den Erhalt historischer Bauwerke, Gärten und wichtiger Land- und Küstenstriche auf die Fahnen geschrieben. Mit Erfolg. Die Statistiken beeindrucken: Inzwischen hat der *National Trust* 2,7 Millionen Mitglieder, über 39700 Freiwillige spendieren pro Jahr 2,4 Millionen Stunden Arbeit, Hunderttausende besuchen jährlich Manor Houses, Industriedenkmäler und Gartenanlagen. Insgesamt schützt der *National Trust* 248952 Hektar Land von besonderer landschaftlicher Schönheit, dazu knapp 1000 km an Küste. Im Finanzjahr 1999/2000 gab der *National Trust* insgesamt 153,3 Millionen Pfund aus für Erhalt und Anschaffung von historischen Gebäuden, Gärten und Landschaften. Auch wenn der Name auf eine Regierungsstelle schließen läßt, ist der *National Trust* doch eine unabhängige Wohltätigkeitsorganisation, die in England jedes Kind kennt. Und noch ein Rekord: Die über 200 Gärten und Landschaftsparks unter der Obhut des *National Trust* bilden zusammen weltweit die größte und wichtigste »Sammlung« historischer Gärten und kultivierter Pflanzen.

Keine Frage, ganz Großbritannien sähe ohne den *National Trust* anders aus. In Südengland alleine kann man Wochen damit zubringen, von einem historischen Gebäude zum nächsten zu reisen, Gärten zu besichtigen und entlang geschützter Küsten zu wandern. Dazu gehören die Klippen von Dover, die auch in Shakespeares »König Lear« Erwähnung fanden, ebenso wie die sieben berühmten kalkweißen Klippen, die *Seven Sisters*, an der Küste von Sussex. Unter dem Motto *Neptune Coastline Campaign* kauft der *National Trust* beharrlich Stück für Stück Strand, Klippen und Hinterland, um auf diese Weise bedrohte Küstenstriche durch vorsichtige Landschaftskonservierungsmaßnahmen zu schützen und der Öffentlichkeit als Landschaftsschutzgebiet für Spaziergänge und Wanderungen zugänglich zu machen.

Denn die Engländer laufen gerne. Es handelt sich um so etwas wie eine nationale Leidenschaft. Das liegt wahrscheinlich nicht zuletzt darin begründet, daß es in England so viele Hunde gibt, die alle ins Freie geführt werden müssen. Über 6 Millionen sollen es sein, angefangen bei den königlichen Corgis, den Schoßhunden der Queen, über die arbeitende Bevölkerung der Hütehunde bis zu den Abertausenden Rassehunden und Mischlingen, die vor allem Gesellschafter sind.

Vielleicht sind Ihnen bei Besuchen in englischen Städten schon einmal die vielen Wohltätigkeitsgeschäfte aufgefallen, die Abgelegtes und Aussortiertes für einen guten Zweck verkaufen. Bekanntestes Beispiel, das auch auf den Kontinent übergeschwappt ist, ist wohl OXFAM (*Oxford Committee for Famine Relief*), dessen Erlöse in die Entwicklungshilfe gehen. Rund um Taunton in Somerset gibt es zahlreiche solcher *charity shops*, die Geld sammeln für das

St. Margaret Hospice, eine Gnadeneinrichtung, in der krebskranke Patienten in Würde ihre letzten Tage und Wochen verbringen. Andere *charity shops* widmen ihre Arbeit – übrigens immer freiwillig und ehrenamtlich – der Unterstützung des *Imperial Cancer Funds*, dem *British Red Cross* und anderen auf der Insel oder weltweit operierenden humanitären Einrichtungen. Dazu kommen aber noch zahlreiche *charity shops*, die sich dem Wohl der Tiere widmen, sei es für die nationale RSPCA (*Royal Society for the Prevention of Cruelty against Animals*) oder für das örtliche Tierheim. Kaum ein Hundebesitzer, der zu seinem Hund aus dem Tierheim namens Susie, Lucy oder Henry nicht eine herzzerreißende Lebens- und Leidensgeschichte erzählen kann.

Zwar meint der englische Journalist Godfrey Smith »es ist zwecklos, eine vernünftige Reaktion der Engländer zu erwarten, wenn es um ihre Hunde oder Katzen geht«, doch sind die Fußwege erstaunlich sauber, zieht man die wachsende Hundebevölkerung in Betracht. Hundebesitzern, die ihren Lieblingen die uneingeschränkte Nutzung von öffentlich zugänglichen Plätzen, Straßen und selbst Wiesen als Toiletten erlauben, drohen massive Geldstrafen. Wobei ich mir nicht sicher bin, daß es wirklich diese *fines* sind, die englische Hundebesitzer dazu bringen, auf Sauberkeit zu achten. Wahrscheinlich ist es eher eine Frage der englischen Mentalität, die so viel mit Rücksicht auf Mitmenschen zu tun hat.

Der Aufforderung »Bitte entfernen Sie, was Ihr Hund hinterläßt« in den designierten *Scoop up Areas* wird ohne Murren Folge geleistet. An strategisch günstigen Stellen hängen Behälter, die eine gewisse Ähnlichkeit mit Hausbriefkästen haben. Dorthinein plaziert man Doggy's Häufchen, das man zuvor mit Hilfe einer der knisternden Plastiktüten aufgehoben hat, von denen man bei jedem Einkauf im örtlichen Supermarkt für nahezu jedes käuflich erworbene Teil eine bekommt – und eigentlich zur Beseitigung dieser inflationär anwachsenden Tütenmenge nur eine Möglichkeit hat: Man schafft sich einen Hund an. Wenn man diesen dann hat, muß man, wie eingangs bereits festgestellt, spazierengehen.

Da die Engländer letztendlich auch Pragmatiker sind und immer gerne das Nützliche mit dem Schönen verbinden, bietet es sich natürlich an, diese Spaziergänge so zu planen, daß irgendwo entlang des Weges der Besuch eines Pubs oder Tea Rooms unvermeidlich ist. Dafür gibt es sogar ganz spezielle Publikationen, die »Pub Walks in Somerset« oder »Dog Walks in Devon« heißen. Diese Rundkurse beginnen in der Regel auf dem Parkplatz eines Pubs, führen dann über eine für Hunde hochinteressante Schnupperstrecke, angereichert mit Bademöglichkeiten in Bächen, Gräben und Tümpeln, gespickt mit jeder Menge Stöckchen, Äste und Steine, und enden nach ein bis vier Stunden wieder im Pub. Dort kann sich Herrchen oder Frauchen von den Strapazen erholen. Wunderbar.

Wer zum Beispiel an einem Sonntagmittag in die *Royal Oak Inn* in Luxborough im Exmoor kommt, muß sich erst einmal zwischen dampfenden Hundeleibern seinen Weg zur Theke bahnen. Kreuz und quer liegen Labradore, Schäferhunde, Border Collies, Doggen, Whippets und undefinierbare Mischlinge in allen Größen und Farbsortierungen zwischen Tischen und Stühlen. Sie träumen glücklich, erschöpft und ziemlich dreckig von gerade überstandenen Abenteuern und schnarchen leise vor sich hin. Die dazugehörigen Menschen sind auch nicht viel sauberer und genauso naß. Nur (und das wiederum scheint eine besondere Eigenart der *Royal Oak Inn* zu sein) die grünen Gummistiefel wurden gegen mitgebrachte Hausschuhe ausgetauscht.

Wer nicht gerne mit seinem Hund alleine läuft, kann sich zum Beispiel im Exmoor öffentlich angekündigten *dog walks* (Spaziergängen mit Hund) anschließen. Auch hundelose Menschen – es gibt sie – sind herzlich eingeladen. Eine Variante dazu sind die *dogs are welcome walks* – der Einladungstext bittet Hunde, ihre Besitzer doch an einer Leine mitzubringen, und alle zwei- bis vierbeinigen Teilnehmer des anderthalbstündigen Spaziergangs sind aufgefordert, die versteckten Wunder des Waldes und der Heide zu sehen, zu hören und zu riechen.

Natürlich kann man das mit dem Wandern in Südengland auch ernsthaft betreiben. Der Küstenpfad rund um den englischen Südwesten mit dem etwas umständlichen, wenn auch völlig korrekten Namen *The South West Peninsula Coast Path* beginnt in Poole in Dorset und endet im Seebad Minehead in Somerset, wo ein eigenwillig geratenes Denkmal auf diesen Wanderpfad verweist. Zunächst bringt das monumentale Metallkunstwerk Touristen und einheimische Spaziergänger allerdings erst einmal ins Grübeln und dann ins Gespräch, was der Künstler denn nun damit sagen wollte. Spätestens aber, wenn man die Tafel mit den dazugehörigen Erklärungen entdeckt hat, offenbart sich der tiefere Sinn des Gestells und die Würdigung des Küstenwanderwegs.

Zwischen Poole und Minehead liegen immerhin 515 malerische Meilen rund um den südwestlichen Zipfel Englands. Wem das nicht reicht, der kann dazu noch kreuz und quer durchs Land laufen. Hier sind die Meilen der

Wandermöglichkeiten ungezählt. In England und Wales gibt es insgesamt 250 000 km an öffentlichen Wegen. Seit März 2000 hat die Öffentlichkeit mit dem *Countryside und Rights of Way Bill* das verbriefte Recht, in Gebirge, Moor, Heide, grasbewachsenem Hügelland und *common land* zu wandern. Allerdings müssen diese Gegenden auf einer Landkarte ausgewiesen werden. Für dieses Recht aufs uneingeschränkte Wandern jenseits ausgetretener Wege kämpfte die *Ramblers Association*, eine seit 1884 bestehende Wandererlobby, mit ihren 130 000 Mitgliedern seit Jahren.

Kein Land der Welt hat so viele öffentliche Fußwege wie England. Sie führen querfeldein über Wiesen und Weiden, vorbei an Kühen und Schafen, aber auch schon einmal mitten durch private Anwesen. Diese oft Jahrhunderte alten Wegerechte sind unumstößlich festgeschrieben: Ein Hausbesitzer kann in der Regel nur hilflos zusehen, wenn Nachbarn eine Abkürzung durch seinen Garten direkt vor seinen Wohnzimmerfenstern nehmen. Verbarrikadieren darf er den Zugang nicht. Vorausgesetzt natürlich, besagte Abkürzung ist ein offiziell verzeichneter öffentlicher Fußweg. Der leidgeprüfte Hausbesitzer kann höchstens einen Antrag beim zuständigen *Council* stellen, wenn er seinen Frühstückstee gerne wieder unbeobachtet im Morgenrock zu sich nehmen will. Er könnte anbieten, den Weg ans Ende des Grundstücks zu verlegen. Aber eine Garantie, daß der *Council* diesem Unterfangen zustimmt, gibt es nicht.

Wenn man es recht betrachtet, haben Fußgänger in England eine entschieden bessere Lobby als Autofahrer. Manch automobil- und PS-begeisterter Engländer spricht mit voller Andacht von Deutschlands Autobahnen, wo dem freien Bürger freie Fahrt gewährt wird. Auf englischen *motorways* lautet das Tempolimit 120 km. Daran hält sich zwar nicht jeder, aber die Zahl der Raser, die mit 200 km pro Stunde auf der Überholspur tiefﬂiegen, ist nicht groß. Außerdem gibt es in England herzlich wenige Autobahnen. Schauen wir uns Südengland näher an: Da gibt es mit der M25 den Ring um London, der trotz permanenten Ausbaus auf noch mehr Spuren auch Englands größter Parkplatz genannt wird. Von diesem Ring reichen vier magere Ärmchen zur Küste, doch nur zwei kommen wirklich dort an: Die M20 ist die Verbindung nach Dover und die M3 führt nach Southampton und Portsmouth. Die M21 verendet irgendwo hinter Canterbury auf dem Weg nach Ramsgate, und die M23 schafft es Richtung Brighton immerhin noch am Flughafen Gatwick vorbei. Das war's schon im Südosten. Auf der Höhe von Heathrow trifft die M25 auf die nach Westen gehende M4, die bereits als Grenze Südenglands erwähnt wurde. Es bleibt nur noch die M5 zwischen Bristol und Exeter. Dann ist Schluß. Wer von dort aus weiter will nach Plymouth oder vielleicht sogar bis Land's End, dem bleibt nur, sich über endlos hinziehende Landstraßen zu quälen, die wenigstens ab und an für ein paar Kilometer zu ausgebauten *dual carriageways* (zumindest in einer Richtung zweispurige Schnellstraßen) werden. Landschaftlich durchaus ansprechend – nur eilig haben darf man's nicht. Nun ist das allerdings eine Maxime, die für das Leben in England ohnehin gilt und nicht nur auf Verkehrswege und Transportmittel wie Auto, Bus und Bahn zu beziehen ist.

Immerhin gibt es inzwischen an den Autobahnen in regelmäßigen Abständen Raststätten. Noch vor etwa zehn Jahren mußte man, in Dover angekommen, bis Reading durchhalten, immerhin 190 Kilometer. Dazwischen lagen zwar einige euphemistisch *cafés* genannte Buden, die aber eher Lastwagenfahrern als gewöhnlichen Englandtouristen als Anlaufstelle dienten.

Heute kündigen Hinweisschilder auf der Autobahn die Entfernung zu gleich zwei bis drei Raststätten an. Der Reisende kann sich entscheiden, ob er lieber eine der Gruppe »First« oder »Granada« angehörenden Versorgungsstation anfährt oder sich doch lieber »Welcome Break« anvertraut.

Die Raststätten entlang der *motorways* haben mit ihren Verwandten auf dem Kontinent nur wenig gemeinsam. Natürlich geht es auch hier im wesentlichen darum, die Autos aufzutanken und hungrigen Reisenden eine Pause und Proviant zu bieten. Aber die Dimensionen sind doch andere. Erinnern viele doch eher an Vorhöfe großer Kinokomplexe oder Teile von Vergnügungsparks.

Zum Beispiel Reading. Von der Autobahn führen verschlungene, aber mit Zeichnungen plakativ ausgeschilderte Wege alternativ direkt zur Tankstelle oder auf den ziemlich großen Parkplatz für Autos und Motorräder. Brummis finden Sie dort nicht. Die Reihen sind sorgfältig markiert, der Verkehr kanalisiert, und dazwischen wachsen Bäume und Büsche. Für Hunde und ihre Besitzer gibt es eine Wiese zum Toben und Picknicken. Daneben steht ein Motel. Vor zwei Jahren wurde es durch einen Anbau fast verdoppelt – also scheint es trotz horrender Preise erfolgreich zu sein. Dann kommt die eigentliche Raststätte: eine Trutzburg in McDonald's-Architektur, bestehend aus diversen Fast-Food-Ketten, Spielhöllen und Toilettenanlagen von beeindruckender Größe und überraschender Sauberkeit. Menschenmassen schieben sich durch die Gänge, arbeiten sich durch Berge von Burgern und frittierten Hühnerteilen und hinterlassen noch größere Berge von

Müll, die das ständig präsente, uniformierte Reinigungspersonal entsorgt. Manchen Familien gefällt es hier so, daß sie die *Reading Service Station* zum Ziel ihres Sonntagsausflugs deklarieren.

Eigentlich fährt man aber auch nicht wegen der Raststätten und Autobahnen nach Südengland. Wenn schon Straße, dann bieten sich dem Reisenden, der Zeit mitbringt, mit den Landstraßen eine reizvolle Alternative. Während *A-Roads* sich noch als richtige Straßen verstehen und selbst *B-Roads* noch gewissen Ansprüchen gewachsen sind, die Landstraßen als Grundlage des Fernverkehrs sehen, wird es bei den *C-Roads* schon um einiges enger, und zwar im wahrsten Sinn des Wortes. Da passen zwei entgegenkommende PKWs knapp aneinander vorbei. Wenn landwirtschaftliche Nutzfahrzeuge entlangholpern, wird es mit dem Überholen schon kritischer, nicht zuletzt, weil sich die Straßen Kurve um Kurve winden und die knappen Geraden meist über eine schlecht einsehbare Hügelkuppe führen. Aber richtig englisch sind die *country lanes*, einspurige Landstraßen, bessere Feldwege (immerhin asphaltiert), die das ganze Land mit einem dichten Netz umspannen und im Falle von Gegenverkehr den Autofahrern gelegentlich ein kühnes Rückwärts-den-Berg-hoch-in-eine-Ausweichstelle-fahren abverlangen. Je weiter man nach Westen kommt, desto enger und malerischer werden sie. Einheimische schätzen sie als (im englischen Sinn) schnelle Querverbindungen überland. Auf guten Landkarten sind diese *lanes* zwar noch verzeichnet, aber für jemanden, der sich in der Gegend nicht auskennt, bilden sie ein unübersichtliches Labyrinth. Die Hinweisschilder an den Weggabelungen helfen nur begrenzt bei der Orientierung.

Im Exmoor gibt es eine Gegend, in der alle Schilder

nach Cloutsham weisen. Man sollte meinen, es handele sich mindestens um eine ernstzunehmende Kleinstadt, die allerdings den Kartographen entgangen ist, ähnlich dem sagenhaften schottischen Brigadoon. Nachdem man Stunden über Stunden diesen Schildern gefolgt ist, entdeckt man plötzlich, daß die Schilder nach Clouthsam in die Gegenrichtung weisen. Von einer Stadt war keine Spur zu sehen, nur Schafe, Ponys und ein paar Kühe standen am Wegesrand. Wo aber war nun Cloutsham? Des Rätsels Lösung: Cloutsham ist ein einsam gelegenes, uraltes Farmhaus, das man von der Straße aus kaum sehen konnte. Am Haus selbst fehlt ein Hinweisschild – schließlich gibt es auch keinerlei Grund, an dieser Farm Station zu machen. Warum also die vielen Schilder? Das ist selbst Einheimischen ein ewiges Rätsel. Der *West Somerset District Council* ersetzt die altgewordenen Schilder gelegentlich durch neue, weiß aber auch nicht, warum und für wen dieser Hinweis eigentlich gedacht ist.

Die Orientierung in den *country lanes* wird zusätzlich dadurch erschwert, daß endlose Hecken die Straßen säumen. Schaut man von oben auf Südengland, sieht man eine Landschaft, die einer Patchworkdecke gleicht. Die Farbe Grün dominiert, dazwischen Flecken fruchtbaren Brauns oder, im Westen, Rot, und alles ist verbunden durch die endlosen Hecken, die so typisch sind für England. Zigtausende Meilen säumen Straßen und Wege.

Seit Jahrhunderten dienen sie der Abtrennung von Feldern und Weiden und als Windschutz für Mensch und Tier. Nachdem Farmer jahrelang Subventionen erhielten für die Entfernung von Hecken, werden sie nun finanziell dazu ermutigt, wieder Hecken zu pflanzen. Heutzutage stehen Hecken gesetzlich unter Schutz, die unerlaubte

Entfernung kann teuer werden. Man hat erkannt, wie wichtig Hecken für das ökologische Gleichgewicht, für das Landschaftsbild und als Lebensraum für Tiere und Pflanzen sind. Wie man anhand der Ringe das Alter eines Baumstamms sehen kann, so läßt sich auch eine Hecke relativ einfach datieren, indem man zählt, wie viele Tierarten auf 30 Metern zu finden sind. In alten Hecken findet man außerdem mindestens fünf verschiedene einheimische Gehölze in einem 30-Meter-Abschnitt.

Laying an hedge ist mehr als das bloße Anpflanzen einer Reihe von Büschen und verlangt Fachkenntnis und Pflege, die zeit- und arbeitsintensiv ist. In Kursen können auch Laien die richtige Anlage einer Hecke erlernen. Schlehdorn- und Hagedornpflanzen bilden die Grundlage. Ihre Äste müssen immer wieder in einem Winkel von 45° in eine Richtung gebogen und miteinander verwoben werden. So ist garantiert, daß im Frühjahr neuer Wuchs die Hecke ausfüllt und Vögeln, Insekten, Mäusen und Igeln Schutz und Lebensraum bietet.

Am Fuß der Hecken blühen im Frühling Millionen von gelben Wildprimeln, dazwischen wiegen Osterglocken im Wind hin und her. Im Frühsommer setzt wildwachsender Fingerhut farbige Akzente. Gräser, Wildblumen und Kräuter blühen, wachsen und gedeihen so, daß im Sommer die ohnehin schon schmalen *country lanes* zwischen der grünen Pracht fast verschwinden. Vereinzelte Bäume, oft uralte Teile der Hecke, werfen gesprenkelten Schatten, über den tiefblauen Himmel ziehen bauschige, weiße Wolken. Irgendwo blöken Schafe, rattert ein Traktor. Insekten surren. Das Meer schimmert zwischen zwei Hügeln hindurch am Horizont.

Südengland – wir sind angekommen.

Gartenleidenschaften

Das Leben geht geruhsam weiter in einer Welt, deren Rhythmus sich immer sinnloser und chaotischer beschleunigt – denn die Inselbewohner, diese seefahrenden Gärtner, pflegen am liebsten ihre Gärten, ohne sich um das Morgen zu kümmern. Sanft gleiten die Jahreszeiten ineinander, feuchtkühl und nur selten beklemmend schwül wie in einem Gewächshaus, so daß Rosen noch im Frühwinter unter dem pastellzarten Himmel blühen können und das Gras smaragdfarben leuchtet wie in keinem anderen Land.

Elisabeth Castonier, *Mill Farm*

England ist eines der wenigen Länder, in denen man als Landschaftsgestalter und Gärtner zu Berühmtheit gelangen kann – und das nicht nur auf einen kleinen Kreis von Fachleuten begrenzt. Nur hier haben Gärtner den Weg in Bücher über Geschichte und Lebensart und – was noch wichtiger ist – ins Allgemeinwissen der Nation gefunden. Im Zeitalter des Fernsehens sind sie omnipräsent, zur besten Sendezeit in den Wohnzimmern zu finden und werden für ihre Dienste von der Queen geadelt.

Als vor einigen Jahren Geoff Hamilton starb, trug ganz England Trauer. Geoff war der Gärtner der Nation. Er hatte die Sendung »BBC Gardeners' World« moderiert, in zahlreichen Zeitungen und Zeitschriften über das richtige Hegen und Pflegen von Clematis, Kamelie & Co. geschrieben und erklärt, wie man den perfekten Gartenpfad und den alle Sinne ansprechenden Gartenteich anlegt. Seine Gartenhandbücher werden von Gärtnern wie Bibeln behandelt, seine Ratschläge sind Gesetz – kein Gärtner, der etwas auf sich hält, würde es heute noch wagen, benutzte Spaten dreckig und ungeölt wieder in den Schuppen zu stellen!

Geoff Hamilton war tot, doch seine Sendungen sollten weitergehen. Zu seinem Nachfolger wurde Alan Titchmarch auserwählt, lange Jahre ein Weg- und Pflanzgenosse Hamiltons. In zahlreichen Sendungen waren die beiden regelmäßig Seite an Seite in Gummistiefeln und schlammüberzogener Wachsjacke über den Bildschirm gestiefelt. Ein Mann, wie man ihn gerne als Nachbarn hätte, liebenswürdig, immer zu einem Schwatz aufgelegt, bodenständig. Jeden Freitagabend um halb neun kommt er in die Wohnzimmer der gartenbegeisterten Engländer (die Rede ist von der ganzen Nation), zeigt, wie man Osterglocken auf Wiesen in scheinbar zufälligen Gruppen pflanzt, damit alles natürlich und gottgewollt aussieht. Er führt in die Kunst des Rosenschneidens ein, verrät die Geheimnisse der Vermehrung von Fuchsien und nimmt die Fernsehzuschauer mit hinter die Kulissen berühmter, wunderschöner Gärten wie *The Garden House* in Buckland Monachorum (Devon) oder *St. Michael's Mount* in Cornwall. Gezeigt werden Blumenrabatten, die einem Farbschema gewidmet sind, und gelungene Wasseranlagen von kleinen Brunnen bis hin zu künstlichen Bächen. Besonderes Lob erhalten Gärten mit *all year interest*, die vom 1. Januar bis zum 31. Dezember dem Auge Freude und der Seele Erbauung bieten. Nicht zu vergessen die Tips und Tricks, die das Gärtnerdasein einfacher machen und vor Unbill schützen sollen.

»BBC Gardeners' World« ist aus der englischen Fernsehlandschaft genauso wenig wegzudenken wie die zu Kultstatus aufgestiegene Radiosendung »Gardeners' Question Time«, deren Gärtner fast so berühmt sind wie Alan Titchmarch, der wiederum die Kunden inzwischen auch aus sämtlichen Regalen in Buchhandlungen freundlich anlächelt. Ich erwähne es nur vollständigkeitshalber: Mittlerweile gibt es auch drei Romane von Alan Titchmarch, wunderbar vorhersehbar in ihrem *plot* und mit herrlich englischen Themen. Zur Ehrenrettung des Autors muß gesagt werden, daß nur sein Erstlingswerk das Leben, Lieben und Leiden eines zum Fernsehmoderator avancierten Gärtners zum Thema hat.

Die Engländer lieben Sendungen, die sich mit der Verschönerung von Haus und Garten beschäftigen. Es gibt davon mindestens doppelt so viele wie in Deutschland Quizsendungen und Talkshows. Mit anderen Worten: Egal, ob Sie vormittags, nachmittags oder abends den Fernseher einschalten – die Chance, auf eine dieser Sendungen zu treffen, ist extrem hoch. Beliebt sind nicht nur Ratgeber wie »Gardeners' World«, sondern auch und vor allem Programme mit Vorher-Nachher-Effekt. Menschen, die an DIY-Projekten (do-it-yourself, einem typisch englischen Hobby ...) im Wohnzimmer oder auf der Terrasse gescheitert sind, ihrem Haus und / oder Garten gerne eine neues Profil geben möchten, aber weder die rechten Ideen noch die notwendigen handwerklichen Grundkenntnisse haben, suchen Hilfe in BBC-Sendungen wie »Home Front«,

»Changing Rooms«, »DIY-SOS« oder »Ground Force«. Jede dieser Sendungen und ihre Moderatoren hat Kultcharakter und einen für deutsche Fernsehmacher wahrscheinlich völlig unverständlichen Unterhaltungswert. Da rükken zum Beispiel in »Ground Force« die Bodentruppen in Form von Alan Titchmarch und Charlie Dimmock an, im Gefolge ein Heer von kräftigen Jungs, und krempeln den Garten um. Und das gründlich. Damit es nicht zu einfach ist, werden ihnen vom Sender gerade mal zwei Tage für das Unterfangen zugestanden, für das normale Menschen unter den besten Bedingungen mindestens vier Wochen brauchen würden. Vor den Augen des Zuschauers verwandeln sich langweilige Vorgärten in pflegeleichte Arrangements aus Gräsern, Kies und Wasserläufen. Nichts in der Sendung wird gestellt, Alan und Charlie arbeiten und fluchen im strömenden Regen, Pläne funktionieren nicht vor laufender Kamera. Man könnte ebensogut bei den Nachbarn über den Zaun schauen. Auf jeden Fall wird man Zeuge der typisch englischen Eigenschaft, sich selbst und das Leben nicht ganz so ernst zu nehmen, und stellt wieder einmal fest, daß das äußere Erscheinungsbild in England einfach unerheblich ist.

Bestes Beispiel ist Charlie Dimmock, eine resolute junge Gärtnerin in permanent dreckigen Jeans und engen T-Shirts, die sich beharrlich weigert, einen BH zu tragen. Englische Zeitungen haben darüber ausführlich berichtet und ihr striktes Nein zum einengenden BH letztendlich wohlwollend akzeptiert.

Nicht auszuschließen, daß J. K. Rowling bei der Konzeption ihrer Harry-Potter-Romane auch an die auf der BBC ausgestrahlten Haus- und Gartensendungen gedacht hat: Vielleicht erinnern Sie sich – die Gemäldeporträts auf

Hogwarts besuchen sich immer gegenseitig in ihren Rahmen. Genauso ist das mit den Moderatoren dieser Sendungen. Durchaus möglich, daß die Zuschauer zwischendrin nicht mehr genau wissen, welche sie denn gerade schauen. Aber der Grad der Vertrautheit mit den Moderatoren steigt natürlich von Sendung zu Sendung. »Home Front«-Designer Laurence Llewellyn Bowen, ein Dandy, an dem Oscar Wilde seine wahre Freude gehabt hätte, taucht auf einmal in »Changing Rooms« auf, wo er, der eigentlich viel lieber nur gut aussieht und noch bessere Ratschläge erteilt, unter dem Gelächter der DIY-erprobten Kollegen Fensterläden und Regale zimmern muß. Wenn er den Rahmen auf der Arbeitsplatte festnagelt, wird das von der Kamera, samt der bissigen Kommentare, ohne Erbarmen in den Äther geschickt.

Es geht auch harmloser: Sein Kollege Diarmuid Gavin, Landschaftsgestalter mit teilweise recht exzentrischen Ideen aus »Home Front«, präsentiert zum Beispiel gemeinsam mit Charlie Dimmock jährliche Highlights wie die *Chelsea Flower Show*, auf der die neuesten Pflanzen und Gartentrends vorgestellt werden.

Die Engländer hatten zu ihren Gärten schon immer ein ganz besonderes Verhältnis. Die Fähigkeit, exquisite Gärten zu entwerfen und anzulegen, sei Englands großartigster Beitrag zur Kunst, hat einmal ein Kunstkritiker gesagt. Von alters her waren Gärten in England mehr als ein Stückchen Erde hinterm Haus, in dem ein paar Nutzpflanzen ihr Dasein fristen.

Anläßlich des *National Poetry Day* im Jahr 1995 wollte die BBC feststellen, welche die 100 beliebtesten Gedichte der Nation seien. Zwölftausend Briten schickten ihr Lieblingsgedicht ein. Auf Platz 46 landete ein Gedicht von Rudyard Kipling (dessen Gedicht »If« übrigens alle anderen Werke mit Abstand auf ihre Plätze verwies), in dem er sich dem englischen Garten und seinen Gestaltern widmet. »The Glory of the Garden« beginnt mit den Zeilen:

Our England is a garden that is full of stately views,
Of borders, beds and shrubberies and lawns and avenues,
With statues on the terraces and peacocks strotting by, ...

Trefflicher kann man es zusammenfassen: In keinem anderen Land der Welt haben Gärten vom kleinsten Cottage Garden bis hin zu den größten Landschaftsgärten eine derartige nationale Bedeutung. Ganz England ist eine Nation von Gärtnern; kaum jemand, der nicht mindestens mit einem grünen Daumen geboren wurde. In der Regel sind jedoch alle Finger grün. Das Wissen, wo etwas am besten gedeiht, scheint angeboren zu sein, gepaart mit der Bereitschaft, allen Pflanzen eine Chance zu geben. Vielleicht liegt der Erfolg auch darin, daß die meisten Engländer sich ihre Pflanzen als Ableger bei Nachbarn, auf Märkten und bei den Pflanzenverkäufen der großen Gartenanlagen besorgen. So kann man aus erster Hand erfahren, wie und wo die Pflanze am besten gedeiht.

Das Klima Südenglands begünstigt die Gärtnerbegabung. Es ist nie zu heiß, nie zu kalt, und immer feucht. Da blühen auch im tiefsten Winter noch Fuchsienhecken und Geranien, selbst tropische Pflanzen gedeihen prächtig, vor allem an der Südküste Devons und Cornwall.

Die ersten Gärten Südenglands waren bereits zu Zeiten der Römer angelegt. Die Römer brachten mindestens 38 neue Sorten an Gemüse, Kräutern, Früchten, Bäumen, Sträuchern und Blumen auf die Insel. Viele der Gärten, die die Römer zurückgelassen hatten, waren Imitationen der römischen Villengärten: theatralisch, formal, luxuriös und geschmackvoll. Es sollte 1000 Jahre dauern, bis ein ähnlicher Standard an Gartenkunst wieder erreicht wurde. Permanenter Unfrieden und Invasionen beschränkten gärtnerische Tätigkeiten auf die Anpflanzung von Obst und Gemüse für die tägliche Ernährung.

Mit der Thronbesteigung der Tudors brachen friedlichere Zeiten in England an. Die Aristokratie begann, Schlösser statt Burgen zu bauen. Die luxuriöse Lebensart und der sich erweiternde Horizont spiegelte sich in ihren Gärten. Die Renaissance nahm ihren Einfluß auf Architektur und Gartengestaltung. Unter Heinrich VIII. und vor allem unter Elizabeth I. dienten Gärten der Erbauung und befriedigten die Ansprüche an die Ästhetik. Moden, von den oberen Gesellschaftsschichten vorgegeben, wurden landesweit, so gut es ging, imitiert. Als Charles II. nach der Restauration 1660 französischen Modellen nachempfundene Wasserkanäle, Statuen und Brunnen einführte, machten es ihm die Besitzer der *stately homes*, der prunkvollen Häuser, im ganzen Land nach. Mit dem 18. Jahrhundert kamen die ersten Landschaftsgestalter, die nationale Berühmtheit erlangten und deren Name und Einfluß noch heute von Bedeutung sind. Die Natur wurde in den Garten zurückgeholt, bis das Vieh praktisch direkt am Haus graste, nur abgetrennt durch eine Art Graben, der den Übergang von Rasen auf Weide vom Haus aus praktisch unsichtbar machte. Malerei und Literatur bestimmten das Aussehen von Gartenanlagen. Lancelot (Capability) Brown begann seine landschaftsgestalterische Karriere 1751. Vorbei war es mit den klassischen Elementen und klaren Linien. Bäche wurden zu Seen, der Garten zu einer Landschaft mit Hügeln (die gelegentlich, wenn sie an ihrem Platz nicht genehm waren, verschoben wurden), die Bäume standen nicht mehr länger Spalier in der Auffahrt, sondern in scheinbar ganz natürlichen Gruppierungen auf dem Rasen.

Mit der Romantik kamen Grotten und Ruinen, derelikte Bögen und zerfallene Abteien in die Gartenanlagen. Auch die von Capability Brown fast verbannten Blumenrabatten kehrten zurück.

Nach dem Tod von Capability Brown erkannte Humphrey Repton eine Marktlücke und seine große Chance: Das vom Vater geerbte Tuchhandelsunternehmen gab er auf, um sich auf dem Land den angenehmen Dingen des Lebens zu widmen. Er war das, was Jane Austen (die auch über ihn geschrieben hat) einen vielseitigen Mann nannte. Er war belesen, korrespondierte mit Wissenschaftlern und Botanikern, managte sein kleines Gut. Repton schrieb Gedichte und amüsante Briefe. Außerdem war er ein guter Tänzer, spielte Flöte, fabrizierte hübsche Zeichnungen und war überhaupt ein netter Zeitgenosse. Allerdings konnte er nicht mit Geld umgehen und mußte mit seiner großen Familie das Gut verlassen und in ein kleines Cottage ziehen. Aber als wahrer Romantiker konnte er auch darin noch etwas Gutes sehen: »Ein Cottage ist ein Zuhause, in dem man Glück empfinden kann, ohne reich zu sein«.

Eines Morgens im Alter von 35 Jahren wachte er auf und wußte: Ich werde Landschaftsgärtner. Übrigens war Repton der erste, der sich diese Berufsbezeichnung gab. Und dann ging er ans Werk. Ein Auftrag folgte dem nächsten, und bevor sechs Jahre vergangen waren, galt Repton als der erklärte Experte für Landschaftsgärtnerei. Mit den Blumen brachte er die Menschen zurück in den Garten, der nicht länger als immergleiche Kulisse, sondern als Teil der Evolution gesehen wurde. Auf Repton geht die Idee zurück, daß der Wechsel der Jahreszeiten auch im Garten stattfinden muß. Auf den Punkt gebracht lautete Reptons Motto: Ein Garten soll Nützlichkeit und Schönheit miteinander verbinden.

Forscher und Naturwissenschaftler wie Sir Joseph Banks, später Direktor von *Kew Gardens* bei London und Präsident der *Royal Society*, begleiteten Expeditionen nach Übersee und brachten Tausende von Pflanzen zurück nach England. Ende des 18. Jahrhunderts waren 5500 neue Pflanzen etabliert. Im Laufe des 19. Jahrhunderts kamen 9000 weitere aus China und Japan, dem Himalaja, Südamerika und Australien dazu.

Ende des 19. Jahrhunderts begannen Frauen, die Gestaltung englischer Gärten maßgeblich zu beeinflussen. Zu der Zeit ließ man den Pflanzen wieder einmal ihren natürlichen Lauf, denn nur wenige konnten sich Vollzeitgärtner und beheizte Treibhäuser leisten. Eine Folge davon war, daß die Arbeit im Garten immer mehr in die Verantwortung der Hausfrauen fiel. 1895 begannen Frauen, in *Kew Gardens* zu arbeiten, und verschiedene hortikulturelle Schulen boten Mädchen entsprechende Ausbildungsmöglichkeiten. Spätestens mit dem Ausbruch des Ersten Weltkrieges, als die Gärten in der Obhut der Frauen zurückblieben, begann die große Zeit der weiblichen Gartenarchitekten wie

Mrs. Ewing, Mrs. Earle und Ellen Willmott, die in ihren drei Gärten in England, Italien und Frankreich insgesamt 103 Gärtner beschäftigte.

Aber die Frau, deren Name noch heute auch für diejenigen ein Begriff ist, die mit Gärten sonst wenig anfangen können, ist Gertrude Jekyll (1843–1932). Sie griff die besten Ideen aus den widersprüchlichen Idealen ihrer Zeit auf und brachte eine wohltuende und längst fällige Harmonie und Einheit in die Gartengestaltung. Die Künstlerin Jekyll, mit 46 Jahren bereits zur Gartenprominenz gehörend, begegnete dem 19jährigen Architekten Sir Edwin Lutyens. Er himmelte sie an – sie genoß seine Zuneigung und Gegenwart. Was Gärten betraf, ergänzten sich die beiden. Für Gertrude Jekyll war ein Garten mehr als nur eine Sammlung von Pflanzen, und beide verstanden Haus und Garten als eine Einheit.

Gemeinsam mit Lutyens entwickelte Gertrude Jekyll eine Form von Gartengestaltung, die allen zukünftigen Generationen als Inspiration diente. Lutyens arrangierte Gartenräume, gruppiert um ein dominantes, architektonisches Detail, etwa ein paar Treppenstufen, ein Gartentor oder ein Teich, die mit Pflanzen »möbliert« werden sollten. Diese Aufgabe übernahm Gertrude Jekyll. Für sie hatten Gartengestaltung und Malerei viele Gemeinsamkeiten: Die Farben seien »mit der Besonnenheit und reiflicher Überlegung« zu setzen, »wie ein Maler sie in einem Bild verwendet, anstatt sie so, wie sie gerade auf der Palette sind, in leblosen Tupfen aufzuklecksen.« Dem Spektrum folgend sollten sie dahinfließen und feine Übergänge schaffen.

Ihr Konzept war so erfolgreich, daß Jekyll und Lutyens gemeinsam über hundert Gärten schufen, darunter auch die bekannten Hestercombe Gardens bei Taunton in Somerset.

Eine vergleichbare, künstlerische Synthese von Architektur und Gartenbau wurde später von Vita Sackville-West und ihrem Mann Harold Nicholson in Sissinghurst in Kent erreicht, dem berühmtesten Garten Englands. Jedes Jahr kommen über 150 000 Pilger aus aller Welt nach Sissinghurst, um der Kreation der mit Abstand gefeiertesten Garten-Amateure zu huldigen. Das kann an einem Sonntagnachmittag in der Hochsaison schon einmal zu längeren Schlangen an der Kasse führen. Doch der *National Trust*, seit 1967 Hüter des Schatzes, hat vorgesorgt und läßt Besucher nur in abgezählten Gruppen hinein: auf dem Tikket wird vorgegeben, wann man sich am Eingangstor einzufinden hat. Tolle Organisation, höre ich Sie sagen – nur daß der Trust nicht vorgibt, wie lange man verweilen darf, womit das Ganze seine potentielle preußische Effizienz verliert und wieder so richtig schön Englisch wird. Freunde des Schlangestehens kommen auch beim Restaurant Granary in der alten Scheune voll auf ihre Kosten, wo nur Touristen mit knurrendem Magen angesichts der Schlange Unmut zeigen. Engländer, die Weltmeister im geduldigen Schlangestehen, finden sich achselzuckend mit ihrem Schicksal ab und bewundern statt dessen die Aussicht und die alten Hopfenhäuser. Es kann auch niemand behaupten, er sei nicht gewarnt worden. Der *National Trust* weist in seinem Handbuch ausdrücklich auf mögliche Besuchermassen zu Stoßzeiten hin und verbietet im gleichen Atemzug Stative und Staffeleien im Garten. Da Engländer in der Regel nur ungern so deutliche Verbote aussprechen, kann man sich nur wundern, welche schlechten Erfahrungen mit Fotografen und Malern zu dieser strikten

Vorgabe geführt haben mögen. Aber auch ohne Stativ ist Sissinghurst ein Paradies für Fotografen. Kaum ein Tourist, der nicht ständig mit der Kamera vor dem Auge herumläuft, glückselig auf den Auslöser drückt und dennoch flucht, weil ihm permanent irgendwelche Besucher ins Bild laufen.

In seinem Gedicht »The Glory of the Garden« sagt Kipling:

Oh Adam was a gardener, and God who made him sees
That half a proper gardener's work is done upon his knees.

Eine Erkenntnis, der Harold Nicholson aus vollem Herzen zustimmt. In seinem Tagebuch schrieb er am 20. März 1932, zwei Jahre nach dem Kauf von Sissinghurst: »... wir jäten das Rittersporn-Beet ... Es ist schon komisch. Eigentlich kann ich Jäten überhaupt nicht leiden. Mir steckt ein Erkältung in den Knochen. Ich kriege keinen Job und bin hoch verschuldet. Ich sehe keinen Ausweg aus unseren finanziellen Problemen. Und trotzdem sind Vita und ich so glücklich wie Lerchen zusammen.«

Harold Nicholson und Vita Sackville-West kauften die Ruinen des einst stattlichen elisabethanischen Anwesens und verbrachten den Rest ihres Lebens damit, den Garten anzulegen, der noch heute so viele Menschen beeindruckt.

An einem regnerischen Tag im April 1930 kam Vita Sackville-West nach Sissinghurst auf der Suche nach einem alten Haus mit Grundstück, das es ihr erlauben würde, einen neuen Garten anzulegen. Zwei Jahre lang hatte das Gebäude leer gestanden und auf einen Käufer gewartet. Aber für Vita war es Liebe auf den ersten Blick. Von dem einst stattlichen Anwesen aus dem 16. Jahrhundert war nach wechselvoller Geschichte nicht viel übrig geblieben. Es hatte als Lager für über 3000 Kriegsgefangene dienen müssen und war jahrelang als Armenhaus geführt worden. Der einstige elisabethanische Glanz war weitgehend verblaßt. Es stand kaum noch mehr als der Turm und das alte Farmgebäude. Alles war in einem beklagenswerten Zustand. Nichts von dem konnte das Ehepaar schrecken: Nach nur drei Wochen waren die Verträge über Sissinghurst und 400 acres des umliegenden Farmlandes unterschrieben. Zwei Jahre später konnten sie endlich einziehen und nach fünf Jahren waren die Nicholsons endlich an die öffentliche Wasser- und Stromversorgung angeschlossen.

Vita Sackville-West ist eine der bekanntesten Gärtnerinnen des 20. Jahrhunderts – dabei wollte sie doch eigentlich als Dichterin in die Geschichte eingehen. Ihren Ruf verdankte sie aber zu einem guten Teil ihrer exaltierten, mitunter ausschweifenden Lebensart: Würden Vita und Harold heute leben, sie wären mit Sicherheit Dauergäste in der Klatschpresse.

1918, ein Jahr nach der Geburt ihres zweiten Sohnes, Nigel, entdeckte Vita, daß ihre wahre Liebe Frauen galt. Mit Violet Trefusis entwickelte sich eine leidenschaftliche Romanze. Die beiden Frauen flohen nach Frankreich, wo sie von ihren Ehemännern wieder abgeholt wurden. Vita hatte danach weitere Liebhaberinnen, darunter die Schriftstellerin Virginia Woolf, für deren Roman »Orlando« sie Modell stand, aber ihre Ehe wollte sie nie wieder aufs Spiel setzen. Harold Nicholson hatte seine eigene Homosexualität ihr gegenüber bereits zugegeben. Aber ihre kreative Gemeinschaft, basierend auf Freiheit, Ehrlichkeit und Vertrauen, war ihnen wichtiger als irgendwelche Liebschaften.

Sissinghurst war ihre gemeinsame, große Lebensaufgabe. Der Künstlerin Vita war klar: »Allein hätte ich es nie geschafft. Zum Glück hatte ich den idealen Mitstreiter geheiratet. Harold Nicholson muß in einem früheren Leben Gartenarchitekt gewesen sein.« Das Credo für ihren Garten verband höchste Strenge der Gestaltung mit maximaler Zwanglosigkeit der Bepflanzung.

Das Ergebnis ist eine harmonische Sequenz kleiner, jeweils themenbezogen gestalteter »Räume« wie Bauerngarten, Rosengarten, Kräutergarten, Nußgarten und Obstgarten. Der mit Abstand berühmteste Gartenraum ist der »Weiße Garten«. Einer feinen alten Dame entlockte er beim Betreten einen einzigen Ausruf: »Umwerfend!!!« In der Tat ist diese Symphonie aus subtilen Weiß- und Grünnuancen bereits beim ersten Anblick atemberaubend und überwältigend. Blüten- und Blattformen setzen in diesem Garten die Akzente, untermalt vom Duftrausch der Rosen. Einzig die buntgekleideten Besucher stören die Optik – vielleicht sollte der *National Trust* ein Verbot von roten T-Shirts und knallgelben Jacken aussprechen ...

Sissinghurst ist nur einer von zahlreichen Gärten, die in Südengland unter der Obhut des *National Trust* stehen. Stourhead in Wiltshire, angelegt zwischen 1741 und 1780, ist ein weiteres berühmtes Beispiel für den englischen Gartenbau. Die Gartenräume von Barrington Court in Somerset verdanken ihr Design der Planung von Gertrude Jekyll. Auch hier gibt es übrigens einen »Weißen Garten«.

Zu all den Gärten und Landschaftsparks in der Hand von Stiftungen und anderen mehr oder weniger öffentlichen Institutionen kommen unzählige Gärten in Privatbesitz, die Südengland in ein Paradies für Pflanzenliebhaber macht.

Sir Walter Luttrell hat Gäste geladen. Ältere Paare mit King Charles Spaniels und Labradoren am anderen Ende der Leine lustwandeln durch den Landschaftsgarten, der sanft zum Bristol Channel hin abfällt. Zwischen alten Bäumen bestaunen sie blühende Büsche, ruhen sich am seerosenbedeckten Teich aus und lassen den Blick über die angrenzenden Weiden bis hin zu den Klippen von Südwales schweifen. In das kniehohe Gras wurden Wege gemäht, scheinbar ohne Ziel ziehen sie sich über den Hang und durch das Tal. Immer wieder führen sie zu atemberaubenden Aussichten, unter Laub versteckten Steinbänken, eröffnen neue Perspektiven. Im Frühjahr tanzen hier Heerscharen von Fritillarien, auch Schachbrettblume genannt, in ihren modisch-karierten Röcken wie Elfen, auch sie, wie Schneeglöckchen und Krokusse, augenscheinlich nur eine Laune der Natur.

Doch jetzt ist Sommer. Weiter oben am Hang, nicht weit vom *Court House*, das sich als klitzekleine Festung in die Landschaft duckt, träumen Lavendel und Rosmarin in der Sonne. Der Duft von unzähligen Rosen weht herüber. Zwischen uralten Mauern im buchstäblich »heißen Garten« veranstalten Gladiolen und Beetgenossen in glühenden roten und gelben Farben ein Feuerwerk.

Sir Walter Luttrell, ein älterer Herr von aristokratischer Statur, lehnt auf einem überdimensionalen Spazierstock mit geschnitztem Hundekopf als Griff und plaudert mit Besuchern. Dankend und leicht verlegen nimmt er Lob über die gelungenen Gartenanlagen entgegen und erinnert daran, bei den Erkundungen auch das kleine Waldstück jenseits des Hauses nicht zu vergessen, wo Hostas und Hortensien weiche Wege säumen und überall lauschige Sitzplätze warten. Nicht zu vergessen das Denkmal für das

Wildschwein, auf das verblüffte Spaziergänger mitten im Wald unvermittelt stoßen.

Auf dem Croquet Rasen sind die wenigen Stühle von teetrinkenden Damen besetzt. Zu ihren Füßen lagern Golden Retriever und Jagdhunde sowie am Weißwein nippende Männer, den Strohhut in den Nacken geschoben. Dazwischen spielen Kinder, leise und fröhlich. Junge Leute bewundern die Steinurnen im Innenhof.

Diese Bilderbuchszene ist typisch südenglische Realität: Von weit her sind sie gekommen, um Sir Walter Luttrell ihre Reverenz zu erweisen. Besser gesagt, seinem Garten, denn der steht zweifelsohne im Mittelpunkt des Geschehens. Zweimal im Jahr öffnen die Luttrells die Pforten ihres stattlichen Anwesens in East Quantoxhead für die Öffentlichkeit. Der Erlös kommt dem *British Red Cross* zu, dessen Mitarbeiter am Gartentor den Eintritt kassieren und Ableger verkaufen und in der Scheune Verpflegung und den obligatorischen Tee anbieten.

Die Luttrells sind keine löbliche Ausnahme. Wer einen schönen oder ungewöhnlichen Garten hat, läßt mindestens einmal im Jahr staunende Mitbürger an den Rosen schnuppern und die Geraniensammlung bewundern.

Seit 1927 gibt es den *National Garden Scheme*, an dem inzwischen in Großbritannien über 3500 Privatgärten teilnehmen. Der Eintritt kommt einem guten Zweck zu. Im Jahr 2000 wurden 1,5 Millionen Pfund eingenommen, die im Jahr darauf an Institutionen und wohltätige Vereine wie *Queen's Nursing Institute, The Nurses' Welfare Service, Macmillan Cancer Relief, Marie Curie Cancer Research, Help the Hospices* und auch den *National Trust* verteilt werden.

Genau wie die ehrenamtliche Mitarbeit beim *National Trust* oder anderen wohltätigen Organisationen, gehört auch der *National Garden Scheme* zur alltäglichen Selbstverständlichkeit der Briten. Kaum ein gartenbegeisterter Engländer, der nicht regelmäßig die Veranstaltungskalender nach geöffneten Gärten durchsucht. Es gibt mit dem *Yellow Book* sogar eine eigene Publikation, die alljährlich alle am *National Garden Scheme* teilnehmenden Gärten mit ihren Öffnungszeiten gelistet sind.

Mal ganz abgesehen von der Liebe zu Pflanzen und dem Interesse an Gartenanlagen – Engländer lieben es, durch fremde Häuser und Gärten zu touren. Auch das hat Tradition. Erinnern Sie sich an Jane Austens Heldin Elizabeth Bennett aus »Stolz und Vorurteil«, die ihre Verwandten nicht davon abbringen kann, um einen Rundgang durch Mr. Darcys Landsitz Pemberley zu bitten. *»A tour of the house«* ist ein Angebot, das kein Engländer jemals abschlagen wird.

Natürlich gibt es auch private Gärten, die das ganze Jahr über gegen einen kleinen Obolus geöffnet sind. *Greencombe*, am Nordhang des Exmoors über Porlock Weir gelegen, gehört dazu. Joan Lorraine hat diesem Waldgarten über dreißig Jahre hingebungsvolle Arbeit gewidmet.

Auch diese Frau ist zu den englischen Originalen zu rechnen. Seit ihrer Rückkehr aus Übersee lebt sie ganz allein in dem einsamen Haus, zusammen mit ein paar Border-Terriers. Diese Hunde haben eigenartige Namen, jedenfalls für Menschen, die des Sanskrit nicht mächtig sind. Miss (darauf legt sie Wert!) Lorraine zählt sie einfach durch. Aber wer weiß schon, was Nummer 51 auf Sanskrit heißt!

Beim Besuch dieses versteckt gelegenen Gartens kommt man aus dem Staunen nicht mehr heraus. Das Grundstück ist extrem steil und sieht den gesamten Winter über keine

Sonne. Der Boden besteht aus Steinen, vermengt mit dem Laubkompost von Jahrhunderten, das Klima ist rauh. Trotzdem blüht es, wohin das Auge schaut.

Joan Lorraine geht nach einem System vor, das sie »vertikales Gärtnern« nennt. Das Ergebnis ist eine Pracht von einer nahezu unbegrenzten Menge unterschiedlichster Pflanzen, die vom Boden bis in die Wipfel der über einhundert Bäume reichen.

Das Geheimnis erfolgreichen Gärtnerns liegt laut Joan Lorraine im Einsatz von Kompost. Ohne ihn, da ist sie sich ziemlich sicher, könnten ihre Pflanzen in dieser unwirtlichen Gegend nicht überleben.

Jeden Monat steht eine andere Pflanzengruppe im Rampenlicht. Auf den Blaustern folgen Schlüsselblumen, die den Garten in ein weiches Gelb eintauchen. Im April stehen die achtzehn verschiedenen Azaleenhybriden in Blüte, dann stehlen ihnen Kamelien und Rhododendren die Show.

Auch in Greencombe gibt es mehrere Gartenräume. Ein anderthalb Kilometer langer Weg windet sich durch den Wald, gesäumt von Farnen und anderen Waldpflanzen. Im Herbst werden alle Besucher aufgefordert, doch bitte Maronen aufzusammeln und mitzunehmen. Die Wege verschwinden unter einem dicken Teppich der stacheligen Esskastanien, so daß das Laufen recht beschwerlich werden kann.

Vor einigen Jahren hätte der *honey fungus*, ein besonderer Schmarotzerpilz, dem Garten fast den Garaus bereitet. In dem toten Holz, von dem es in dem romantischen Waldgarten viel gab, hatte der Pilz gute Nahrung gefunden und verbreitete sich in Windeseile. Nur mit viel Mühe und harter Arbeit gelang es Joan Lorraine, das gesamte befallene Holz einschließlich der Zäune, Wegbegrenzungen und Baumstümpfe zu entfernen.

Die Passion für Gärten wird in England nie aussterben. Jede Generation hütet das gärtnerische Vermächtnis der Ahnen und schafft selber neue Kleinode. In den letzten Jahren kamen zwei weitere Gärten und Anlagen hinzu, die weltweit Aufsehen erregten: Das Eden-Projekt in Cornwall und *The Lost Gardens of Heligan.*

Ein Zeitungsartikel beschreibt das Eden-Projekt mit den Worten: »Hier baute ein Visionär der Natur eine Kathedrale«. Sechseinhalb Jahre hat es gedauert, bis im März 2001 die Tore für die Besucher geöffnet werden konnten. Schon jetzt, obwohl die Pflanzen ihre volle Pracht noch lange nicht entfaltet haben, kommen täglich bis zu 9000 Besuchern, an manchen Wochenenden fast doppelt so viele. Vier futuristische Kuppeln, die aussehen wie Badeschaum, fügen sich in die Landschaft bei St. Austell. In diese biologischen Dome zogen Pflanzen aus tropischen und mediterranen Landschaften ein. Die Regenwaldhalle, 240 Meter lang und 55 Meter hoch, ist das zweitgrößte freitragende Gewölbe der Welt nach dem Weltraumbahnhof Cape Canaveral.

Zu verdanken ist dieses ehrgeizige Projekt Tim Smit, dem früheren Manager von Genesis. Er überzeugte Behörden und Banken von seiner Idee und trieb 300 Millionen Pfund auf. Die wissenschaftliche Leitung übernahm Sir Ghillian Prance, der frühere Direktor von *Kew Gardens.*

Smit möchte das Umweltbewußtsein seiner Besucher spielerisch schulen und ihnen klar machen, wofür wir Pflanzen alles brauchen. Schon einige Jahre vorher machte Smit mit einem Gartenprojekt von sich reden: Anfang der

90er Jahre hatte er ganz in der Nähe unter meterhohem Brombeergestrüpp die Reste eines prächtigen viktorianischen Parks entdeckt. Diese *Lost Gardens of Heligan*, die er mit Spenden und der Unterstützung freiwilliger Helfer restauriert hatte, wurden ursprünglich 1780 angelegt und hatten ihre Glanzzeit bis etwa 1880. Sie verfielen im 20. Jahrhundert in einen Dornröschenschlaf, nachdem im Ersten Weltkrieg die Hälfte der Gärtner gefallen war, die sich bis dahin um den Gartenbesitz der Familie Tremayne rund um ihr Anwesen Heligan House gekümmert hatten. 1991 wurden in dem Dschungel aus Hecken und Efeu die vergessenen Orchideenhäuser, Weinanlagen und selbst Ananaspflanzen entdeckt. Auf rund 23 Hektar findet man heute einen Italienischen Garten, eine Kristallgrotte und Sommerhäuser, umgeben von riesigen Rhododendren. Über weitere 100 acres erstreckt sich ein Waldgarten. Der von einer Mauer umgebende Küchengarten, in dem Pfirsiche und Melonen wachsen, ist der ganze Stolz der Betreiber.

Die Liste der zauberhaften Gärten Südenglands ließe sich endlos fortsetzen. Letztendlich ist doch die gesamte südenglische Landschaft ein einziger großer »englischer Garten«. Doch sollten wir uns nun, nach der Landbetrachtung, dem anderen Element zuwenden, das das Leben Südenglands wesentlich prägt: das Meer. Schließlich sind Engländer, wie Elisabeth Castonier so treffend bemerkte, eine Nation von seefahrenden Gärtnern.

Meeresrauschen

I must go down to the seas again, for the call of the running tide
Is a wild call and a clear call that may not be denied;
And all I ask is a windy day with the white clouds flying,
And the flung spray and the blown spume, and the sea-gulls crying.

John Masefield, *Sea-Fever*

Wo auch immer man sich in Südengland gerade aufhält, mit dem Auto ist man in maximal einer Stunde am Meer. Im Südwesten hat man die Qual der Wahl zwischen der lieblichen Südküste und der eher rauhen Nordküste. Im Südosten stehen Ärmelkanal und Nordsee zur Disposition.

Die Szenerie wechselt von Sand- zu Kieselstränden, von den weißen Kalkklippen des Südostens zu den dunklen, dramatischen Felsformationen an der Nordküste von Devon und Cornwall.

Mal tobt das Meer und droht, die Insel und ihre Bewohner mit sich in die Tiefen des Ozeans zu reißen. Dann wieder spielt es sanft mit den Kieselsteinen am Strand, die, wenn man genau zuhört, leise singen.

Überall an der Südküste haben Seefahrer ihre Spuren hinterlassen. Von hier aus zog England in den Krieg und schickte seine Entdecker auf den Weg, die Welt zu erkunden. Sträflinge und Auswanderer brachen auf mit der ungewissen Aussicht auf eine neue Heimat irgendwo jenseits des Horizonts. Händler und Kaufleute landeten an der Südküste mit ihren Waren, die der Insel Reichtum brachten.

Ein Besuch in der Hafenstadt Portsmouth hilft, dem englischen Wesen auf die Spur zu kommen. Wer Meer mit Schiffen und Hafenbetrieb verbindet und das vor einer prächtigen Kulisse genießen will, ist hier genau richtig. Der Buchautor Peter Sager schwärmt vom Hafenpanorama als eines der großen der Welt: »Auf der Halbinsel im Vordergrund die Mauern von Portchester Castle, in der Bucht die weißen Segler, dahinter die grauen Schiffe der Royal Navy, die Phalanx der Öltanks, die Docks, die Skyline der Kräne und Masten«. Wohin man sich in Portsmouth auch wendet, überall begegnet man der Geschichte der englischen Seefahrt und Marine, deren Hauptquartier seit 500 Jahren hier angesiedelt ist.

Das Meer ist nicht nur manifestierte englische Geschichte, sondern Teil des Alltags der Küstenbewohner. Jeder weiß, daß es eine Gefahr für Besitz und Leben darstellen kann. Doch solange es sich ruhig verhält, ist das Meer Lieferant von Nahrung und Arbeitgeber. Vor allem bietet es auch Erholung für vom Streß geplagte Menschen.

Die Jeans auf der Hafenmole von Watchet hat definitiv schon bessere Zeiten gesehen. Ölflecken und Farbspritzer liegen friedlich beieinander, das Fett von unzähligen

Fish & Chips-Mahlzeiten, achtlos von den Händen gewischt, läßt die Hosennaht in der Abendsonne golden glänzen. Über dem Ledergürtel, der alles mühsam zusammenhält, blitzt ein Stück sonnengegerbter Rücken. Der Rest von Mike hängt kopfüber über dem Wasser und ist ziemlich beschäftigt. Ein Ächzen und Stöhnen, die Jeans bewegt sich, und die neugierigen Touristen treten sicherheitshalber einen Schritt zurück. Langsam kommt ein löchriger, nicht mehr ganz sauberer Pullover ins Bild, gefolgt von einer Nylonschnur an einem Netz, das Mike langsam nach oben zieht. Die Zigarette fest in den rechten Mundwinkel geklemmt, prüft Mike mit kritischem Blick den Netzinhalt. Dann beginnt es, Krebse zu regnen. Ein kleiner Junge auf der Mole schaut fasziniert zu, greift aber nach der Hand des Vaters. Mike grinst und erklärt ihm, daß die Krebse zu klein sind, um gegessen zu werden. Außerdem hatte Mike heute abend Appetit auf Krabben.

Auf seinem Kopf balanciert keck eine rote Wollmütze, ständig vom Absturz bedroht und von Mike in tausendfach erprobter Handbewegung immer wieder zurechtgeschoben. Diese Mütze ist Programm: Viele graue, fröhliche Angler tanzen winkend um den Kopf, in den Umschlag ist ein Spruch gestrickt: »I'd rather be fishing« – ich wäre jetzt lieber beim Angeln.

Sechs Millionen Engländer denken wie Mike und machen damit Angeln zu einem der beliebtesten Freizeitvergnügungen des Königreichs. Nur Dartspielen ist noch populärer. Jeden Abend, wenn die Flut kommt, stehen sie dicht aneinander gedrängt, auf dem West Pier von Watchet und entlang der Küstenstraße von Blue Anchor, so wie überall an der Küste, von der es in Südengland immerhin ein paar tausend Kilometer gibt. Dabei spielt das Wetter keine nennenswerte Rolle. Bei Sturm und peitschendem Regen fischt es sich im Gegenteil besonders gut. Eingepackt in Thermoanzüge, die Kapuze tief ins Gesicht gezogen, gehen Angler zu jeder Tages- und Nachtzeit unverdrossen und mit sichtlichem Vergnügen ihrem Hobby nach, während ihnen Regen und Gischt von der Nasenspitze tropfen.

Vielleicht liegt es an der Angelleidenschaft der Engländer, daß es für Nicht-Angler so schwierig ist, an frischen Fisch zu kommen. Gute Fischhändler sind überraschend selten. Wenn man Appetit auf Fischspezialitäten hat, gut zubereitet und in entsprechendem Ambiente serviert, muß man noch länger suchen. Dabei hat das englische Meer so viele Schätze zu bieten.

Fernsehkoch Rick Stein, der in Padstow in Cornwall mehrere Fischrestaurants betreibt, hat sich auf einen Kreuzzug begeben, seinen Landsleuten die eigene Küste näher zu bringen. Mit Hingabe und Leidenschaft versucht er ihnen klarzumachen, daß es noch andere Zubereitungsmöglichkeiten gibt als Fish & Chips, im Teigmantel frittierte Filets von Kabeljau (*cod*) oder Schellfisch (*haddock*) und in reichlich Fett gebackene Kartoffelstücke, serviert mit Salz und Malzessig.

Keine Frage, Fish & Chips ist eine wunderbare Erfindung, wohlschmeckend und sättigend, eine lebensrettende Maßnahme, wenn jemand sein Haus neu streicht, das Dach deckt, den Garten umgräbt oder nach einem langen Spaziergang gegen den Wind am Strand eine Stärkung braucht.

Es gibt nur wenige Fischspezialitäten-Restaurants entlang der englischen Küste, die Jakobsmuscheln (*scallops*) in

Weißweinsauce, gegrilltes Filet vom Seeteufel (*monkfish*) oder Dorade (*black bream*) bieten, über einem Algenbett gedünstet und mit Fenchelbutter serviert. Auf die beste aller englischen Vorspeisen, die auch traditionelles Pub-Food ist, trifft man schon häufiger, wenn auch nicht immer frisch zubereitet: *Devilled Whitebait*, kleine frittierte Fischchen mit einem Hauch von Cayenne-Pfeffer, die nur mit etwas gebuttertem dunklen Brot gereicht werden. Allerdings schrecken manche vor dieser Köstlichkeit zurück: Die maximal zweieinhalb Zentimeter langen Tiere ißt man mit Stumpf und Stiel.

An der englischen Südküste gibt es immer noch zahlreiche malerische Fischereihäfen, wo die Fischerboote Spezialitäten ans Land bringen. Da die meisten Engländer den Fisch nicht zu würdigen wissen, geht der Fang zum größten Teil in Länder wie Spanien und Frankreich. Rick Stein schüttelt vor Verzweiflung den Kopf.

Whitstable ist *der* Ort, um einheimische Austern zu essen. Das wußten schon die alten Römer. Oder *whelks* (Wellhornschnecken), die im tiefen Wasser in speziellen Netzen gefangen werden – in Meereswasser gekocht und von geübten *whelk*-Pulerinnen aus der Schale gezogen eine Delikatesse.

Das Auslaufen der Fischerflotte von Hastings ist ein besonderes Spektakel. Die Boote liegen auf dem Kieselstrand, umgeben von windschiefen Hütten, Netzen und Bojen. Eine breite, schwarze Gummimatte führt hinunter zum Strand, um das Laufen auf den Kieselsteinen zu erleichtern. Früher schnallten sich Südküstenbewohner übrigens spezielle Strandschuhe unter, den nordischen Schneeschuhen nicht unähnlich, um auf den Kieseln voranzukommen. Auf Ankern sitzen Möwen, alte Plastikfahnen flattern im Wind, dazwischen stehen Eimer mit Schmieröl.

Der Stadtrat von Hastings strebte jahrelang an, diesen Teil des Strandes, als »Stade« bekannt, für die Touristen herzurichten und die Fischer zu verbannen. Zum Glück ohne Erfolg. Denn die Fischer fanden heraus, daß ihnen zur Zeit der Spanischen Armada im 16. Jahrhundert für diesen Strandabschnitt ein Arbeitsrecht eingeräumt worden war. Und diese Verordnung hat auch 400 Jahre später ihre Gültigkeit noch nicht verloren. Jetzt stehen die Hütten unter Denkmalschutz, und Hastings ist stolz auf seine Fischerkolonie.

Das Meer, das das West Country umarmt, ist gefährlich, die Arbeit der Fischer hart. Der Tidenhub im Bristol Channel, mit bis zu zwölf Metern einer der höchsten der Welt, verursacht heimtückische Strömungen und verschiebt Sandbänke praktisch über Nacht. Die zerklüfteten Klippen von Nord-Devon und Cornwall ragen weit ins tobende Meer hinaus. Trotzdem wagen sich Fischer in ihren kleinen Booten, die der Urkraft des Wassers kaum etwas entgegenzusetzen haben, täglich aufs neue hinaus. Immer mühsamer wird es, dem Meer seine Schätze abzuringen. Die Fangpolitik anderer Länder, die ihre Flotten vor die englische Küste schicken, trägt dazu bei. Schließlich hat das Meer hier etwas zu bieten: viele Sorten Fisch werden gefangen, die man eher mit dem Mittelmeer assoziiert. Rotbarbe (*red mullet*) gehört ebenso dazu wie Heringskönig (*John Dory*), Doraden (*bream*) oder sogar Seltenheiten wie der Skorpionfisch, der rund ums Mittelmeer für Fischsuppen verwendet wird.

Zu verdanken ist der Artenreichtum der geographischen

Lage des englischen Westens. Der Finger erstreckt sich weit in den Atlantik in Richtung der Bucht von Biskaja. Der warme Golfstrom sorgt für ein angenehmes Klima, und das Meer ist reich an Plankton.

In Fischereihäfen wie Looe, Brixham, Bideford und Plymouth werden die besten Exemplare von Steinbutt (*turbot*), Seebarsch (*sea bass*) und Seezunge (*Dover Sole*) an Land gebracht. Rotbarbe, Ende September / Anfang Oktober vor Land's End gefangen, ist – laut Rick Stein – der Inbegriff vom Paradies. An der Nordküste von Cornwall gibt es die besten Hummer und in der Nähe von Star Point bei Brixham die beeindruckendsten Krebse. Bis zu 3 kg werden sie schwer und sind, von den King Crabs in Alaska einmal abgesehen, die größten der Welt. Ihrem Geschmack hat ihre Größe keinen Abbruch getan. Natürlich geht es auch eine Nummer kleiner: Während der Sommermonate gibt es überall an der Küste des West Country frische Krebse. Wer will, kann sich sein köstliches Abendessen hart erarbeiten und sich vom Fischhändler nur das *dead man's fingers* genannte Gedärm entfernen lassen. Das Krebsfleisch wird zu Hause mit Hilfe spezieller Gabeln herausgepult. Bei den Scheren muß man durchaus ein bißchen Kraft einsetzen, um an das Innenleben zu kommen. Wer zu ungeduldig ist und Appetit hat auf ein Picknick am Meer, kann die Krebse auch bereits ausgenommen kaufen. Das Krebsfleisch wird in der ausgewaschenen Schale fein säuberlich und eßfertig angerichtet. *Dressed Crab* nennt sich diese Leckerei. Dazu benötigt man einen gut gekühlten Weißwein und etwas Weißbrot. Dann fehlt nur noch ein Stück einsamer Strand mit Blick auf den Sonnenuntergang. Das ist dolce vita à la England.

Womit wir beim nächsten Thema wären: Dient die Küste doch nicht nur der Versorgung mit Fisch und anderem Meeresgetier, sondern auch und vor allem der Erholung des alltagsmüden Städters.

Entlang der gesamten Küsten von Südengland reiht sich ein Seebad ans andere. Dazwischen liegen Strände und Buchten, die fast alle auch einen Parkplatz mit Meeresblick haben. Aus unerfindlichen Gründen gehört es zu einer der Lieblingsbeschäftigungen älterer Engländer, mit ihren Autos so dicht wie möglich ans Meer zu fahren, eventuell das Fenster herunter zu kurbeln, und im Anblick der Dünung Sandwiches zu essen, Tee zu trinken, Kreuzworträtsel zu lösen, Pullover für die Enkel oder den nächsten Basar zu stricken, und zu schlafen. Paul Theroux, ein Amerikaner, der 1982 rund um Großbritannien wanderte, um das Land, in dem er seit elf Jahren lebte, besser kennenzulernen, fand diese Art des nationalen Zeitvertreibs sehr befremdlich: »Ich bin nie an diesen alten Leuten, die sich keinen Meter von ihren Autos entfernt haben, vorbeigekommen, ohne zu denken, daß sie alle auf ihre Weise auf Godot warteten.«

Natürlich könnte man sich mit seinem Picknick auch an den Strand setzen. Aber es ist nicht zu leugnen: Das Auto bietet gewisse Standortvorteile. Der Tee bleibt warm, man selber auch, der nächste Regenguß läßt den Meeresbetrachter nur wohlig erschauern, und Sandwiches, Eier und Tomaten lassen sich ohne Sand- und Fliegenbeilage verzehren.

In einem englischen Seebad wird ganz offensichtlich, was man schon immer vermutet hat: Engländer reden zwar gerne übers Wetter, aber wenn es um ihre Kleidung geht, ignorieren sie es schlicht und ergreifend, genauso wie Zentralheizungen als unsportlich gelten und allenfalls der Verweichlichung der Menschheit dienen.

Deutsche Freunde machten vor kurzem einen Ausflug in ein englisches Seebad. Obwohl es Anfang August war, pfiff ein heftiger Wind. Dunkelgraue Wolkenberge jagten über den Himmel. Die beiden waren entsprechend eingepackt und trotzten in Pulli, Windjacke und festen Schuhen den Launen der Elemente. Ein Blick auf den Strand genügte, um sie fröstelnd erschaudern zu lassen: Auf einem Foto hätte ein mit dem englischen Wesen und Wetter nicht vertrauter Mensch die Temperaturen auf 28 bis 30 Grad Celsius geschätzt und dem Meer die Qualitäten der Karibik zugesprochen. Auf der *esplanade* promenierten eisschlekkende Engländer in Shorts und mit Tatoos, die Frauen an ihrer Seite trugen Sonnentops mit Spaghettiträgern über kurzen Röckchen, die Augen hinter Sonnenbrillen versteckt. Am Strand tummelten sich Erwachsene und Kinder in Badesachen, bauten Sandburgen und warfen sich kreischend in die graugrünen Wogen. Schließlich hat man Ferien und keine Garantie, daß das Wetter mal anders wird.

Der Inbegriff des englischen Seebads ist Brighton. Ihr Image als Kur- und Seebad verdankt die Stadt dem Arzt Richard Russell, der in seinem 1750 erschienenen Buch empfahl, Meerwasser nicht nur äußerlich, sondern auch innerlich gegen Drüsenkrankheiten anzuwenden. Die feine Gesellschaft hörte den Ruf und verwandelte das alte Fischerdorf in ein Modebad. Als 1783 der 21jährige Prince of Wales, der spätere George IV, nach Brighton kam, hatte das Seebad endgültig Ruf und Namen. Der junge Mann war kein Kind von Traurigkeit und ein

Trendsetter in Modefragen. Seiner Liebe zu der bürgerlichen Maria Anna Fitzherbert, die er heimlich heiratete, und seinem Spleen für Chinoiserie und romantisch-verklärter Architektur verdankt Brighton einige ungewöhnliche Bauwerke, deren charakteristische Elemente als Regency-Stil in die Geschichte eingingen. Alle vorherigen Extravaganzen Georges wurden noch überboten vom *Royal Pavilion*, der zwischen 1815 und 1822 unter der Leitung des Architekten John Nash entstand. Bereits 1805 hatte sich George von dem berühmten Gartenarchitekten Humphrey Repton einen indischen Pavillon entwerfen lassen – war Indien bei den Romantikern doch der Inbegriff von Nostalgie. Überall trifft man heute noch auf die Spuren jener Zeit, die Plätze, Arkaden und prachtvolle Villen hinterlassen hat.

Und dann sind da noch die Piers, die weit ins Meer hineinragen, auf ihren Rücken finden sich Vergnügungsmöglichkeiten aller Art. Peter Sager sieht in diesen Piers den Beweis für die englische Lust, »möglichst weit auf dem Wasser noch festen Boden unter den Füßen zu haben«. Bei Ebbe steht die 521 Meter lange *Palace Pier* zwölf Meter über dem Meeresspiegel, »ein wunderbar verrücktes, verspieltes Kind des gußeisernen Zeitalters«.

Brighton findet sich in zahlreichen literarischen Werken wieder. Graham Greene benannte sogar einen Roman nach der Stadt: »Brighton Rock – Am Abgrund des Lebens«. Bei dem »Rock« handelt es sich übrigens nicht um ein Stück Felsen, sondern eine Art Lutscher, der allerdings hart genug ist, um sich daran die Zähne auszubeißen. Fast jedes Seebad hat seinen eigenen Lutscher. Das Besondere daran ist, daß der Name des Seebads im Anschnitt der Zuckerstange zu lesen ist, von Anfang bis Ende.

Eine Reise entlang der englischen Südküste eignet sich vortrefflich zu Klassenstudien, hat doch jedes Seebad eine ganz spezielle Klientel mit klassenspezifischen Vorlieben und Abneigungen. Geographisch oft nur durch wenige Kilometer getrennt, können zwischen zwei benachbarten Seebädern Welten liegen. Besucher der jeweiligen Bäder würden für nichts auf der Welt im Nachbarort ihren Urlaub verbringen. »Da möcht' ich nicht begraben sein!«, verleihen sie ihrer Empörung angesichts eines derart unmoralischen Angebots dramatisch Ausdruck.

Nehmen wir zum Beispiel die drei Orte Margate, Ramsgate und Broadstairs in Kent, die nur einen Spaziergang weit auseinanderliegen und doch unterschiedlicher nicht sein könnten.

Durch den Bau der Eisenbahnlinie wurde Margate der beliebteste Urlaubsort für badefreudige Eastenders aus Londons proletarischem Osten. Hier begann Paul Theroux seine Reise auf der Suche nach der Quintessenz Großbritanniens. An einem ersten Mai, der gerade politisch korrekt in den Frühlingsfeiertag (*Spring Bank Holiday*) umbenannt worden war, bestieg er einen Zug nach Margate, da diese Feiertage in Südengland mit einem Tagesausflug an die See assoziiert werden: »Es war traditionell die Zeit, wenn die Leute Richtung Strand aufbrachen, und seit den fünfziger Jahren ist es der Tag, an dem sich Gangs von Jugendlichen mit Schlagstöcken und Ketten bekriegen, in Southend und Margate. Die Engländer sind Gewohnheitsmenschen. Und deshalb habe ich Margate ausgesucht.«

Seit dem 18. Jahrhundert schon kommen die Londoner nach Margate, erzählte man ihnen doch, wie gesund Meerwasser für Leib und Seele sei. Hier kam der erste Badekarren zum Einsatz und wurde 1791 die *Royal Sea-Bathing Infirmary* gegründet. Trotz alledem gelang Margate nie der Klassenaufstieg. 1824 beschrieb ein Reisender, wie sich Margate in weniger als einem halben Jahrhundert von einem obskuren Fischerdorf zum vielbesuchten Seebad gemausert hatte. Doch das Attribut elegant verweigerte der Reisende Margate. Hundert Jahre später wiederholte der Baedecker diese Einschätzung. Heute hebt der renommierte Reiseführer neben den kilometerlangen feinen Sandstränden vor allem die Vergnügungsmöglichkeiten hervor: Freizeitpark und Rummelplatz.

Seebäder, die die unteren Klassen anziehen, haben alle etwas gemeinsam: Endlose Arkaden, die sich die Promenade entlangziehen, und die Synonym sind für scheinbar identische Räumlichkeiten, in denen sich die Urlauber um Spielmaschinen scharen. Neonlichter wechseln ab mit trüben 30-Watt-Birnen. Hier blinkt es alarmorange, dort giftgrün. Aus jedem Apparat klingelt, schnarrt und pfeift es in unterschiedlichen Tonlagen.

Zwischen diesen Vergnügungsarkaden quetschen sich nach altem Fett riechende Fish & Chip Shops, und wenig einladende Tea Rooms, die ganztägig Frühstück anbieten, im stetigen Wechsel mit überdimensional großen Souvenirläden, in denen billiger Tand, Postkarten und Teebecher mit anzüglichen Witzen und Motiven den Besitzer wechseln. Am Strand steht eine Hüpfburg und manchmal gibt es *donkey rides*. Schmächtige, blasse Kinder erwarten in einer Mischung aus Scheu und Abenteuerlust einen Ritt auf einem der Esel, die während der Saison ungeachtet des Wetters immergleiche Runden über den Strand ziehen.

Die Arkaden sind leicht schäbig und schmuddelig, manche fast anrührend altmodisch. Eine von den leiseren, aber trotzdem überraschend beliebten Vergnügungen ist der *penny drop*. Menschen stehen gebannt um einen sechseckigen Glaskasten herum, dessen Innerei in sechs Abschnitte unterteilt wurde und so Platz und Unterhaltung für sechs Spieler bietet, die unabhängig voneinander agieren. Jedes Sechstel hat zwei Etagen, gefüllt mit Pennystücken. Ein Schuber kommt in gleichmäßigem Rhythmus aus dem Bauch der Maschine hervor. Sinn und Zweck des Spiels ist es, just in dem Moment da zu sein, wenn sich so viele Pennies, die man möglichst nicht alle selbst in die Maschine gefüttert hat, auf der oberen Ebene angesammelt haben, daß sie vom Schuber nach unten und durch eine kleine Öffnung nach draußen in die Gewinnlade befördert werden. Man hat an diesen *penny drops* schon gutverdienende Menschen beobachten können, die jubelnd 50-Penny-Stücke aus der Gewinnlade zählten.

Obwohl Ramsgate, weiter südlich gelegen, sich eines besseren Klimas rühmt und durch den Fährhafen mit dem Kontinent verbunden ist, unterscheidet es sich nicht wesentlich von seinem Erzrivalen Margate. Da hilft auch nicht, daß Vincent van Gogh und Heinrich Heine hier Station machten und der berühmte präraffaelitische Maler Dante Gabriel Rossetti seine letzte Ruhestätte in Ramsgate fand.

Ganz anders das Örtchen Broadstairs, zwischen Margate und Ramsgate in einer Bucht aus Kalkklippen gelegen, das außer Seebad vor allem Wallfahrtsort für die Fans von Charles Dickens ist, der in der Mitte des 19. Jahrhunderts seine Ferien in Broadstairs verbrachte. Statt Arkaden findet man hier gepflegte Tea Rooms und Pubs, fast alle dem Gedenken des viktorianischen Schriftstellers gewidmet.

Wem das Dickens-Museum in seinem alten, inzwischen *Bleak House* benannten Feriendomizil nicht genug ist, sollte sich alljährlich Anfang Juni in Broadstairs einfinden. Dann kommen Fans aus aller Welt zum Dickens-Festival, das man vielleicht am ehesten mit einer *Star-Trek*-Convention vergleichen kann. Sieben Tage lang spazieren Alt und Jung in viktorianischer Kleidung durchs Städtchen. Man trifft Mr. Micawber am Strand, Uriah Heep im Pub und Scrooge beim Essen. Und jeder tut so, als sei das das Normalste der Welt.

Lyme Regis ist ein weiteres Seebad, das eng mit großer englischer Literatur verknüpft ist, ohne allerdings viel Rummel darum zu machen. Ende des 18. Jahrhunderts war das mittelalterliche Fischerdörfchen bei der guten Gesellschaft groß in Mode gekommen. Auch Jane Austen verbrachte hier ihre Ferien und verewigte Lyme Regis in ihrem Roman »Überredung«. Auf der »Parade« genannten Promenade flanierte man damals wie heute zu der mittelalterlichen Mole, auch wenn laut John Fowles – Autor des 20. Jahrhunderts und seit vielen Jahren in Lyme Regis zu Hause – die wahren »Lymers« darin nicht mehr sehen als »eine lange Klaue aus altem grauen Mauerstein, die sich ins Meer hinausschiebt«.

Hundertfünfzig Jahre nach Jane Austen setzte John Fowles in »Die Geliebte des französischen Leutnants« Lyme Regis ein weiteres literarisches Denkmal. In diesem Roman erinnert der Autor an zwei weitere Ereignisse, die dem kleinen Hafenort einen Eintrag in die Geschichtsbücher einbrachte: 1685 landete James Scott, Herzog von Monmouth, in Lyme Regis, dessen Anspruch auf den englischen Thron in der unseligen *Battle of Segdemoor* ein so blutiges Ende fand. Wichtiger noch waren die Fossilienfunde, darunter das 1811 ausgegrabene vollständige Skelett des Ichthyosaurus, die das damalige Weltbild völlig auf den Kopf stellten.

Die Suche nach fossilen Überresten stellt noch heute ein großes Freizeitvergnügen dar, nicht nur entlang der Dorset-Küste, sondern auch am Fuß der Klippen von West Somerset.

Bei einem Besuch in Watchet wunderte sich einst Daniel Defoe über die versteinerten Muscheln, die er bei einer Wanderung am Strand fand. Inzwischen sind die Klippen weiter abgebröckelt, doch ansonsten hat sich nicht viel geändert. Warnhinweise fordern »Bitte Klippen nicht nach Fossilien abklopfen«, so daß Kinder und Erwachsene mit gebeugten Rücken und stur auf den Boden gerichtetem Blick den Strand durchkämmen, versunken in Tagträume und der Hoffnung auf den ganz großen Fund vor dem Einsetzen der nächsten Flut. Ab und an hört man einen freudigen Aufschrei, wenn jemand einen *devil's toenail*, eine zu dunkelgrauem Stein erstarrte vorsintflutliche Auster, entdeckt hat. Stücke und Abdrücke von Ammoniten verschwinden in Eimerchen, sich ausbeulenden Jackentaschen und im Wind flatternden Plastiktüten. Kaum ein Strandgänger, der sich dieser Faszination entziehen könnte.

Täglich wird der fossile Schatz wieder aufgefüllt. Kein Wunder, stammen die Versteinerungen doch aus den Klippen, die unaufhörlich vor sich hin bröckeln. Wenn der Wind das Meer nicht zu Wellenbergen aufpeitscht und der Regengott ein Einsehen hat, dann fallen die Brocken etwas langsamer, aber wehe, es gibt richtig Wetter. Dann kann sich das Gesicht der Küste in kurzer Zeit dramatisch verändern.

An dieser Stelle sei, zum besseren Verständnis, ein kurzer Ausflug in die Geologie gestattet. Großbritannien nimmt, geologisch betrachtet, eine Schieflage ein. Der Südosten liegt um einiges tiefer als der Rest. Dort ist das uralte, harte palaezoische Gestein, das im Nordwesten an der Oberfläche liegt, von weichen Ablagerungen überdeckt. An dieser Stelle war England einst mit dem europäischen Festland verbunden. Mit dem Ende der Eiszeit vor 9600 Jahren kam das Wasser zurück und drang in das Gebiet ein, das wir heute als Ärmelkanal kennen. Tausend Jahre später war die Trennung vollzogen. Seitdem nagt das Meer unermüdlich an den Klippen. Die Wellen des Atlantiks stürzen sich mit einem Gewicht von bis zu 30 Tonnen pro Quadratmeter auf die Felsen. Das Wasser dringt in die kleinsten Risse im Gestein. Ablagerungen haben hier keine Chance. Im Solent, der Meerenge zwischen Portsmouth und der Isle of Wight, werden Wellen selten höher als einen knappen Meter. Doch bei weichem Gestein wie Kalk und Lehm können auch die gewaltige Folgen haben.

Freilich hat die Natur keinerlei Respekt vor Landmarken und verschont auch die berühmten weißen Klippen der Südküste nicht vor der Erosion. Übrigens verdanken die Klippen gerade der Erosion ihre Reinheit – wenn nicht ständig die Oberfläche abgetragen würde, wären sie nicht so strahlend weiß.

Vor einigen Jahren stürzten hunderttausende Tonnen der Kalkklippen von Beachy Head ins Meer, der höchsten und spektakulärsten Klippenformation der Südküste, westlich von Eastbourne in East Sussex. Über vier Meilen ragen die Klippen 120 Meter über den Strand. Sie sind ein beliebter Ort für Kletterer, die aufgefordert werden, unbedingt einen Helm zu tragen. Allerdings hat das nichts mit der Erosion und fallenden Gesteinsbrocken zu tun. Die Gefahr droht durch Menschen, die beschlossen haben, sich bei Beachy Head das Leben zu nehmen und ungeachtet der im Kliff hängenden Kletterer in die Tiefe stürzen.

Die Kletterrouten tragen malerisch-dramatische Namen wie *Sunday Sport*, *The Ghost* und *Monster Crack*. Die Route *Aunt Ethel's Gully* fiel leider ebenso wie *Croydon Club Route* und *Demolition Man* einem Landrutsch zum Opfer.

Beachy Head ist jedoch nicht nur wegen der Kletterer und Selbstmörder erwähnenswert. Die Kalkklippen schauen auf eine lange Geschichte als Aussichtspunkt zurück. Seit Anfang des 19. Jahrhunderts werden von hier aus Schiffe gewarnt, die der vorherrschende Südwestwind zu dicht ans Land und die tückischen Felsen getrieben hat.

Spaziergänge zu dicht am Klippenrand können lebensgefährlich werden. Anfang 2001 brachen 160 Meter Klippe zwischen Dover und St. Margaret's Bay und verschwanden im Ärmelkanal. Zum Glück war das Wetter zu diesem Zeitpunkt so schlecht, daß sich keine Fußgänger auf dem beliebten Spazierweg befanden.

Einige Engländer sehen mit Schrecken, wie das Meer immer mehr Land zerstört und fordern besseren Küstenschutz. Aber *English Nature*, die Organisation, die die britische Regierung in solchen Dingen berät, und auch der *National Trust*, dem immerhin viele Kilometer Küste gehören, sind dagegen. Sie wollen der Natur hier nicht ins Handwerk pfuschen. Nicht weit von Beachy Head ist der *National Trust* sogar ganz konkret betroffen: Ihm gehören drei der sechs Cottages in Birling Cap, die ins Meer zu stürzen drohen.

Experten rechnen damit, daß bis zum Jahre 2080 der Meeresspiegel im Ärmelkanal um 54 cm steigen wird. In den letzten 125 Jahren hat die Südküste jährlich mindestens 75 cm an das Meer verloren.

Die Tage von Birling Cap sind gezählt.

Cricket und andere Ausreden fürs Picknick

It's a funny kind of month, October. For the really keen cricket fan it's when you discover that your wife left you in May.
Dennis Norden

Wenn im Sommer in England von Touristen die Rede ist, dann sind damit nicht unbedingt erholungssuchende Reisende aus dem eigenen Land oder aus den Gefilden jenseits des Kanals gemeint. Besucher aus dem Ausland – das stimmt schon eher. Handelt es sich doch um eine Gruppe Sportler aus Australien, den West Indies oder Pakistan, die nach England gekommen sind, um der alten Kolonialmacht zu zeigen, wie man Cricket spielt. Es dauert übrigens mehrere Monate, bis feststeht, wer der Gewinner ist. Auch wenn eigentlich schon alle im voraus wissen, daß ein Wunder geschehen müßte, wenn England wirklich als Sieger die Trophäe in der Hand halten sollte. Trotzdem verfolgt die Nation gespannt jeden Ball und, falls Australien der Gegner sein sollte, werden die Befindlichkeit von Shane Warnes Schulter und der Zustand der Lendenmuskulatur von Glenn McGrath, den furchterregenden Werfern der Australier, zum Thema der Abendnachrichten.

Obwohl England erfolgreich Sportarten wie Fußball

und Tennis in alle Welt exportiert hat, hat Cricket die Grenzen des alten Empire nie überwunden. Schade eigentlich, ist es doch der zivilisierteste Sport, den man sich denken kann, der nicht nur die gute Kondition eines Läufers und die Technik eines Werfers, sondern auch noch Intelligenz erfordert. Nicht umsonst wurde Cricket »Schach auf Rasen« genannt.

Zugegeben, die Regeln sind nicht ganz eingängig. Fachausdrücke wie *maiden over* und Statements wie *he got out for a duck* sind erklärungsbedürftig, schließlich sind weder Jungfrauen noch Enten auf dem Spielfeld zu sehen. Höchstens Möwen, die in der Sonne vor sich hin träumen, während nur wenige Meter neben ihnen der Entscheidungskampf um den Sieg in seiner heißesten Phase tobt. Das Schöne ist: Der Uneingeweihte merkt es nicht einmal, sehen die Auseinandersetzungen im typisch britischen Understatement doch aus wie ein nettes Stelldichein von in elegantem Weiß gekleideten Männern. Es heißt, Groucho Marx von den Marx Brothers wurde einst von einem englischen Gastgeber zu seinem allerersten Cricket-Match mitgenommen. Eine halbe Stunde lang starrte Groucho Marx wie gebannt auf das Spielfeld. Schließlich drehte sich der Gastgeber um und fragte ihn, wie es ihm denn gefiele. »Gut«, antwortete dieser. »Aber wann beginnt denn das Spiel?«

Sie sehen, was ich meine.

Cricket ist der Inbegriff der englischen Mentalität und vor allem eine Frage der Geduld. Ein Match kann fünf Tage dauern, aber selbst dann ist nicht gewährleistet, daß der Gewinner feststeht. Die internationalen *test series* werden, wie eingangs bereits erwähnt, über Monate hinweg ausgetragen – vier bis fünf *test matches* à vier bis fünf Tage ergeben die *test series*. *Test* steht übrigens dabei für den »Nachweis der Fähigkeit« der Nationalmannschaft und nicht für einen Probedurchlauf.

Die wichtigste internationale Auseinandersetzung ist zweifelsohne die *test series* zwischen England und Australien, kurz und bündig *The Ashes* genannt, die etwa alle 18 Monate ausgetragen wird. Dabei wird wirklich um ein Häufchen Asche gekämpft, das für Cricket-Fans die heiligste aller Reliquien darstellt. Die Geschichte ist, auch wenn Australier beteiligt sind, mal wieder so richtig englisch und von erstaunlicher nationaler Emotionalität: 1882 wurde England im Londoner Cricket-Stadion »The Oval« von den australischen Touristen geschlagen. In einer feierlichen Zeremonie kamen alle Spieler zusammen und verbrannten das *bail*, ein kleines Holzstückchen, das, so klein wie es ist, eine extrem wichtige Rolle bei Cricket spielt. Schließlich ist es das Streben eines jeden Werfers, dieses *bail* von den *stumps*, den drei Holzpfählen, zu werfen, um den Schläger der anderen Mannschaft vom Feld zu schicken. *Bail* und *stumps* zusammen bilden übrigens das *wicket* – soviel nur am Rande zum besseren Verständnis, weitere Regeln bleiben Ihnen erspart!

Die Asche des besagten *bail* wurde in eine Trophäe gefüllt, die seitdem unter strenger Sicherheitsbewachung im Trophäenraum des englischen Cricket-Olymp, dem Stadium »Lord's« im Londoner Stadtteil Marylebone, aufbewahrt wird. Zum Leidwesen der Australier bleibt die Trophäe auch dort, wenn sie gewonnen haben. Was in letzter Zeit ziemlich häufig der Fall war. Der 1882 in der »Sporting Times« erschienene Nachruf auf englisches Cricket, »The body will be cremated and the ashes taken to Australia«, ist also nur metaphorisch zu verstehen. 1986/87 haben die Engländer die *Ashes* das letzte Mal gewonnen, wie die Statistik des vom »Sunday Telegraph« anläßlich der *Ashes* 2001 herausgegebenen »Complete guide to Cricket's greatest contest« eindrücklich und detailliert belegt.

Überhaupt ist Cricket *das* Spiel für Statistiker und Mathematiker. Schon während der Fernsehübertragung wird kräftig gerechnet und verglichen. Die Nachberichterstattung und Analyse wird in sämtlichen Medien durch endlose Tabellen ergänzt.

Böse Zungen behaupten, mit irgend etwas müßten sich die Kommentatoren und Zuschauer ja beschäftigen ...

Cricket ist die einzige britische Sportart, die von allen gesellschaftlichen Klassen gespielt wird. Jeder Engländer hat sich schon irgendwann einmal dabei versucht. Farmer und Gentleman spielen im gleichen Team. Das war schon immer so und wird sich auch nicht ändern.

Jedes Dorf in Südengland hat sein Spielfeld, ein Stückchen Wiese, das meistens ein Doppelleben als Erholungspark, *memorial ground*, Dorffestplatz und Fußballfeld führt. Auf jeden Fall ist es das Herzstück der dörflichen Gemeinschaft. Der Schriftsteller James Barrie schrieb einmal: »Über den unsichtbaren Zug der Toten auf ihrem immerwährenden Marsch wurde gesagt, daß die Engländer für einen Moment aus der Reihe treten, um lächelnd über den Zaun zu blicken, wenn sie an einem ländlichen Cricketplatz vorüberkommen.« Cricket ist eben mehr als nur eine Sportart, es ist eine Lebenseinstellung, geprägt von Fairness, Sportlichkeit und, wie gesagt, Geduld.

Cricket auf dem Lande ist der Inbegriff eines englischen Sommertages: Auf einer pittoresk gelegenen Wiese stehen einige Männer herum, alle gekleidet in cremefarbenen Hosen und Hemden, manche tragen einen cremefarbenen

Strickpullover mit V-Ausschnitt darüber. Über allem liegt eine Stimmung von Eleganz und Gelassenheit. Der Rasen leuchtet wie frisch gewaschen in der Sonne, so grün und manikürt, wie es ihn nur in England gibt. Die tiefe Stille wird nur ab und an von einem »Klack« unterbrochen, wenn der Ball auf den Schläger trifft. Manchmal kommt unter den Zuschauern höflicher Applaus auf, wenn der Ball weit weg geschlagen wurde oder der Schläger sein Spiel verloren hat und das Spielfeld verlassen muß. Es könnte alles nicht friedlicher sein.

Am Rande des Spielfeldes sitzen Menschen auf Decken oder im Gras, umgeben von Picknickkörben, Weinflaschen, Sandwiches, Kuchen und dösenden Hunden. Gelegentlich werfen sie einen interessierten Blick auf das Geschehen, dann wenden sie sich wieder dem Essen und dem süßen Nichtstun zu. Manch einer legt sich entspannt zurück, um in der Sonne ein Nickerchen zu machen.

Selbst bei den *test matches* geht es nicht anders zu, allerdings sitzen die Zuschauer dort auf der Tribüne. Zwischendurch stehen sie auf, gehen ein wenig spazieren und plaudern mit Freunden. Viele bringen Kühlboxen mit, aus denen sie Räucherlachs und Champagner zaubern. Gegessen wird natürlich von mitgebrachten Porzellantellern, getrunken aus edlen Kelchen.

Da ein Cricket-Spiel morgens um 11 Uhr anfängt und frühestens um 18 Uhr aufhört, wird das Spiel in regelmäßigen Abständen für *drinks*, *lunch* und *tea* unterbrochen. Ich erwähnte bereits, daß es sich bei Cricket um eine zivilisierte Sportart handelt.

Immer wieder wird in Zeitungsartikeln eloquent argumentiert, welcher Cricketplatz der schönste sei im ganzen Land. In Pubs wird darüber lange und unter Abwägung sämtlicher Möglichkeiten, Vorteile und Nachteile diskutiert. Der Tourist erhält ungefragt freundliche Ratschläge, doch unbedingt einmal nach Bridgetown im Exmoor zu fahren. Andere wiederum halten den Cricketplatz von Butleigh in Somerset für ein verstecktes Juwel: »Ein smaragdgrünes Feld, halb gesäumt von Walnußbäumen, fällt sanft ab hin zu einem hölzernen Pavillon, hinter dem sich eine Kirche erhebt. Butleigh Court blickt auf diese malerische Szene, verleiht ihr einen Hauch aristokratischen Glanzes, während das Tor von Glastonbury für eine mythische Untermalung sorgt.« Dieser Satz entstammt nicht etwa einem historischen Roman der englischen Literatur, sondern erschien im November 1999 in einer Serie über die Cricketplätze der Grafschaft im »Somerset Magazine«. Nun kann man natürlich trefflich darüber streiten, was denn einen Cricketplatz schön macht, aber zweifellos liegt das atemberaubendste Spielfeld im Valley of the Rocks westlich von Lynton am Rande des Exmoors, wo der Bristol Channel auf den offenen Atlantik trifft.

Dieses Tal ist einzigartig in England: Normalerweise verlaufen Täler landeinwärts von der Küste. Das Valley of the Rocks dagegen verläuft parallel dazu. Eine dramatische Felsformation ist das Ergebnis eiszeitlicher Flüsse, die sich tief ins Gestein gegraben haben. Die Natur ist wild und ungezähmt, nur eine Herde wilder Ziegen lebt hier. Das einzige Merkmal menschlicher Zivilisation ist der Cricketplatz, der sich, von Lynton kommend, am oberen Eingang des Tales in die Felsen schmiegt. Zuschauer finden auf der gezagten Gesteinskrone die ideale Tribüne. Hinter ihnen fällt die Klippe steil ab ins Meer, am Horizont liegt Wales. Vor ihnen liegt Exmoor in seiner ganzen dramatischen Schönheit, und zu ihren Füßen wird Cricket gespielt. Auf der Wiese neben dem Spielfeld haben sich Familien niedergelassen, die mit der Tasse Tee in der Hand über die Cricketspieler hinweg den Blick das Tal entlang nach Westen schweifen lassen.

Man könnte meinen, für viele Engländer sei Cricket nur ein willkommener Anlaß, mal wieder unter freiem Himmel zu essen und zu trinken. Denn Picknick ist noch so eine englische Passion, der ungeachtet der Jahreszeit und des Wetters quer durch alle Klassen landauf, landab begeistert gefrönt wird. Dabei kann es sich um ein paar in einer Plastiktüte mitgebrachte Sandwiches handeln, mit geriebenem Cheddarkäse und Tomaten belegt, die man am Strand verspeist. Oder auch um ein elaboriertes Festmenü aus dem perfekt ausgestatteten Picknickkorb. Wesentlich ist, daß man dabei auf dem Boden im Gras oder im Sand sitzt. Selbst in den allgegenwärtigen und gut ausgeschilderten *picnic areas* trifft man nur in den seltensten Fällen auf Tische und Bänke.

Der Journalist Godfrey Smith gibt zu bedenken, die englische Vorliebe für Picknicks sei der beste Beweis dafür, daß das Wetter in England längst nicht so schlecht sein kann, wie immer behauptet wird. Wären die Sommer nämlich nur halb so verregnet, wie ihnen ihr übler Leumund nachsagt, dann wären Picknicks nur eine Reihe gescheiterter Pläne und deprimierender Absagen. Allerdings darf ein gewisses dramatisches Element nicht fehlen, wenn ein Picknick ein richtiges englisches Picknick sein soll. Die Literatur dokumentiert die kleineren und größeren Desaster mit Hochgenuß. Sir John Betjeman, zum Beispiel, huldigt in einem Gedicht dem Sand in den Sandwichs, den Wespen im Tee und den anderen Freuden eines Essens am Strand. Godfrey Smith meint, es sei ein Zeichen des englischen Genies, die Mißlichkeit des Wetters und sonstige Widrigkeiten des Lebens beim Picknick einfach zu ignorieren und sich der nationalen Leidenschaft ungehemmt hinzugeben. Dementsprechend gingen auch jene literarischen Picknicks in die Geschichte ein, die trotz aufwendiger Vorbereitungen gar nicht stattfanden oder aus sonst einem Grund nicht unter Erfolg zu verbuchen waren.

Nehmen wir ein weiteres Beispiel aus Jane Austens «Sinn und Sinnlichkeit« als Beweis dafür, daß der Wille, sich Unbequemlichkeiten und Erkältungen auszusetzen, eine englische Charaktereigenschaft ist. Eine Landpartie wird da geplant, mit dem Ziel, ein zwölf Meilen von Barton Park in Devon gelegenes Haus zu besuchen, dessen Gärten als besonders schön gelten. Ein natürlicher See (oder wenigstens einer, der so aussieht) von beeindruckender Größe lockte, wollte man hier doch den Morgen segelnd verbringen. Ungeachtet der Jahreszeit und des regnerischen Wetters der vergangenen vierzehn Tage wollte die Gruppe in offenen Kutschen fahren. Für das Picknick wurden kalte Platten vorbereitet und gepackt. Der Morgen des Ausflugs begann vielversprechend. Die Sonne war hervorgekommen und alle Teilnehmer der Expedition fröhlich und wild entschlossen, das Beste aus dem Tag zu machen: »Sie waren alle voller Erwartung und guter Laune, freuten sich auf den unterhaltsamen Tag und waren entschlossen, sich dazu den größten Unannehmlichkeiten und Beschwerden auszusetzen.«

Dummerweise kommt mit der Morgenpost ein Brief, der Colonel Bardon sofort nach London ruft. Ohne ihn ist jedoch ein Besuch im Haus seines Verwandten unmöglich. So wird dem herbeigefieberten Ausflug ein abruptes Ende gesetzt. Der enttäuschte Willoughby vermutet bösartig, daß der Colonel sich den Brief selbst geschickt hat, weil er Angst vor einer Erkältung und so einen eleganten Absprung gefunden habe.

Natürlich hat der Colonel überhaupt keine Angst vor Schnupfen oder ähnlichen Widrigkeiten. Absagen aus diesen gesundheitlichen Gründen gesteht Jane Austen nur Invaliden oder anderweitig schwächlichen Personen zu.

In ihrem Roman »Emma« steht der Ausflug nach Box Hill in Surrey zunächst auch unter keinem besseren Stern. Die Organisatoren dieser Tagestour hatten sich bereits auf Taubenpasteten und kalten Lammbraten als Proviant geeinigt, als ein lahmender Gaul den Ausflug verzögert. Da man jedoch von der Idee eines Ausflugs wie besessen ist, einigt man sich als Alternative auf einen Besuch in Donwell, dem Haus des männlichen Protagonisten, Mr. Knightley. Dieses Ziel ist zu Fuß zu erreichen und stellt vor allem Erdbeeren in Aussicht, die in seinem Garten wunderbar reifen.

Die Picknick-Party wünscht, den Ausflug so natürlich und romantisch wie möglich zu gestalten, mit bändergeschmückten Körben am Arm durch den Garten zu wandeln, Erdbeeren zu pflücken und unter den Bäumen zu sitzen. Das Ansinnen, wie Zigeuner im Freien zu speisen, blockt der Hausherr jedoch höflich ab. Seine Vorstellung von einer einfachen und natürlichen Mahlzeit sieht einen gedeckten Tisch im Eßzimmer vor: »Der Natürlichkeit und Schlichtheit von Herren und Damen, die immer Dienstboten und Möbel um sich haben, entspricht es meiner Ansicht nach mehr, die Mahlzeiten im Haus einzunehmen.«

Zur Freude aller findet dieser Ausflug tatsächlich statt. Das Wetter ist sommerlich warm, und die Erdbeeren reißen zu Begeisterungsstürmen hin. Es folgt eine Elegie auf die Englische Erdbeere, »the best fruit in England«.

Dem würden auch die Besucher von Wimbledon nicht widersprechen. Abgesehen von Tennis der Weltklasse genießen Zuschauer vor allem die Erdbeeren mit Schlagsahne, die dort traditionell als kleiner Happen zwischendurch gereicht werden. Aber nicht nur diejenigen, die Zutritt zu den Tribünen mit Blick auf den heiligsten Rasen der Welt ergattert haben, genießen diesen Hauch von Luxus. Auch die Fans, die stunden- und nächtelang vor der Kasse anstehen und -liegen, versüßen sich die Warterei mit Erdbeeren und Schlagsahne und natürlich Champagner zu einem eigenen Fest.

Box Hill, das zweite Ziel von Emma und Co., ist noch heute ein beliebtes Ausflugsziel in Surrey. Man kann nur allen wünschen, daß sie bei der Zusammenstellung der picknickenden Gruppe mehr Erfolg haben als die junge Heldin des nach ihr benannten Romans. Unter den Ausflüglern mochte nicht die richtige Stimmung aufkommen und ein Gefühl der Gemeinschaft stellte sich auch nicht recht ein. Emma jedenfalls findet den Ausflug schrecklich und verbringt die Rückfahrt unter Tränen.

Allerdings lag das wohl kaum an Box Hill, bei dessen Anblick alle in Begeisterung und Bewunderung ausbrechen. Die Landschaft könnte südenglischer nicht sein. Peter Sager nennt sie »lyrisch« statt »dramatisch«, »eine Variation in Grün und Grau, eine Landschaft in Wasserfarben mit den sanften Sensationen der Atmosphäre, des Dunstes, der verschwimmenden Konturen«. Und das, obwohl dieser wunderbare Hügel, der sich mit Buchsbaum und Wacholder bewachsen 120 Meter über das Flüßchen Mole erhebt, ein magischer Anziehungspunkt für stadtmüde Londoner ist. Am Wochenende und an Feiertagen kommen sie in Scharen, noch immer bewaffnet mit Picknickkörben und dem einen oder anderen Grill.

Und noch etwas hat sich seit Emmas Besuch auf Box Hill geändert, obwohl er schon damals kein Insider-Tip war. Heute finden Besucher des Hügels, der sich im Besitz des *National Trust* befindet, einen Shop, ein Informationszentrum und das ganze Jahr über einen Kiosk vor, der Take-Away-Snacks und Getränke verkauft. Das hätte sich weder John Keats noch George Meredith denken können, die 1817 bzw. fünfzig Jahre später auf Box Hill Inspiration für ihre Gedichte suchten und fanden.

Über die Jahrhunderte haben sich englische Picknicks oder, genauer gesagt, der Inhalt der Picknickkörbe, erheblich weiterentwickelt. Heutzutage sorgt ein ganzer Industriezweig für die nötigen Accessoires. Körbe, ob rund oder eckig, für zwei oder vier Personen, sind ausgestattet mit edlem Porzellan. Selbst für Hunde gibt es inzwischen die entsprechende Ausrüstung. In einem Zeitalter, in dem es sich kaum jemand leisten kann, bei längeren Spaziergängen einen Butler mit dem Schleppen des Korbes zu beauftragen, muß man nach Alternativen suchen. Natürlich gibt es überall ausreichend reizvolle Flecken, die man mit dem Auto erreichen kann. Doch was soll man tun, wenn man sich unbedingt etwas weiter entfernt vom Parkplatz niederlassen möchte? Die Antwort darauf hat die Industrie gegeben: Der Picknick-Rucksack. Das Innenleben ist gut isoliert und bietet Platz für Proviant. In der Vordertasche verstecken sich Weingläser, denen man nicht mehr ansieht, daß sie aus Plastik sind. Außerdem findet der Picknickfreund Besteck, Brettchen oder Teller, Pfeffer und Salzstreuer und sogar farblich abgestimmte Stoffservietten.

Als Lewis Carroll, der Autor von »Alice im Wunderland«, mit den drei Liddell-Mädchen 1862 die Themse entlangruderte, sah das noch anders aus. Ihr Proviant bestand aus kaltem gebratenem Hühnchen, Salat, Kuchen und Tee. Gläser, Teller und Besteck liehen sie sich von den Leuten, die in den kleinen Cottages entlang des Flusses wohnten. Schon damals erlaubte William Harcourt, der Besitzer eines Uferstücks bei Nuneham, wildfremden Menschen, dienstags und donnerstags an seinem Grundstück an Land zu gehen und die speziell gebauten Picknickhütten zu nutzen. Möglicherweise handelt es sich dabei um das erste designierte Picknickareal der englischen Geschichte.

Die drei Männer im Boot, in Jerome K. Jeromes gleichnamigem Meisterwerk verewigt, taten es Lewis Carroll gleich und veranstalteten ihr Picknick mit kaltem Braten, Tee, Brot und Marmelade. Wesentlich elaboriertere Vorbereitungen traf da die Wasserratte in Kenneth Grahames Klassiker »Der Wind in den Weiden«, die für ihren Freund Mole, den Maulwurf, ein exquisites Mahl zusammenstellt. In seinem Picknickkorb findet sich nicht nur kaltes Hühnchen. Nein, auch kalte Zunge, kalter Schinken, kalter Rindsbraten, eingelegte Gürkchen, Salat, Brötchen, Kressesandwichs, noch mehr Fleisch, Ginger Beer, Limonade und Sodawasser. Mit dieser Auswahl könnte man die Besucher von Ascot, dem nicht nur wegen der ausgefallenen Hüte der Zuschauerinnen berühmtesten aller englischen Pferderennen, bestimmt fast schon zufrieden stellen. Wahrscheinlich könnte man die Limonade getrost weglassen, aber Hummer, Kaviar und Champagner dürften keinesfalls in ihren Picknickkörben und Lunchpaketen fehlen.

Nach Cricket in Lord's, Tennis in Wimbledon und Pferderennen in Ascot fehlt nur noch ein berühmtes Sportereignis, bei dem die feine Gesellschaft nach allen Regeln der Kunst im Freien speist: Henley, die Ruderregatta auf der Themse, wie die anderen in der Peripherie Londons und natürlich im wohlhabenden Süden der Insel angesiedelt.

Was die Erdbeeren für Wimbledon sind, ist »Pimm's« für Henley. Angeblich kennen nur sechs Menschen das Rezept für dieses sommerliche Getränk, das sich James Pimm in den 40er Jahren des 19. Jahrhunderts ausgedacht hat. Ausgehend von Mr. Pimms Austernbar in London trat seine alkoholische Kreation ihren Siegeszug nahezu um die ganze Welt an. Getrunken wird es traditionell als Longdrink – ein Drittel »Pimm's« wird mit zwei Dritteln Limonade oder Ginger Beer aufgefüllt. Wer mehr von den 25 Prozent Alkohol spüren will, kann das Verhältnis auf 1:1 erhöhen. Dann kommt jede Menge Eis ins Glas und eine Scheibe Salatgurke als Garnitur. Zur Not tut es auch eine Zitronen- oder Orangenscheibe.

Jede Ausrede gilt, wenn ein Engländer ein Picknick der feineren Art veranstalten will. Das gilt für den vom Klima verwöhnten Süden des Landes allemal. Nun muß es ja nicht immer ein herausragendes Sportereignis sein, das zudem den Nachteil hat, nur für eine begrenzte Zeit im Jahr stattzufinden. Auch wenn die Herrschaften sich zu diesen Gelegenheiten durchaus extravagant kleiden dürfen, sähe es doch eigenartig aus, im Lord's Cricket Ground oder bei der Henley Regatta im Abendkleid zu erscheinen.

Diesem Manko weiß Glyndebourne abzuhelfen. Dieser Ort, etwa zehn Kilometer nordöstlich von Brighton, steht als Synonym für ein kulturelles Ereignis, das für erstklassige Opernaufführungen berühmt ist, bei denen das Essen mindestens genauso wichtig ist wie die Musik und ihre international renommierten Interpreten. Wer englische Lebensart von ihrer allerbesten Seite kennenlernen möchte, der sollte nach Glyndebourne kommen. Voraussetzung ist allerdings, daß man sich rechtzeitig um Karten bemüht. Ab Oktober sind die Tickets für die nächste Saison erhältlich, die im folgenden Mai beginnt. Aber längst nicht für jeden. Mitglieder der *Glyndebourne Festival Society* haben Glück und erhalten Vorzugskarten. Allerdings wollen so viele Enthusiasten dieser im wahrsten Sinne geschlossenen Gesellschaft beitreten, daß Sie, wenn Sie sich im Jahr 2002 auf die Wartelisten setzen lassen würden, im Jahr 2042 – eventuell – aufgenommen werden würden. Das erfordert selbst für englische Verhältnisse ein Übermaß an Geduld, daher wurde die Warteliste erst einmal abgeschafft.

Nach den Mitgliedern werden die Menschen mit Karten versorgt, die es noch geschafft haben, Zugang zur Warteliste zu erhalten. Dann diejenigen, die sich für fünf Pfund pro Jahr auf die *festival mailing list* haben setzen lassen. Und dann kommt erst die allgemeine Öffentlichkeit. Im April dürfen sie sich um Restkarten bemühen. Die Website von Glyndebourne versucht zu trösten: Wenn der Besucher flexibel ist und regelmäßig bei der Kasse nachfragt, stehen die Chancen gar nicht mal so schlecht.

Einer der Glücklichen, der regelmäßig nach Glyndebourne kommt, ist Andrew Cooper – wer auch immer dieser Herr ist. Auf seiner persönlichen Website gibt er einen kleinen Einblick in das Leben eines überzeugten Glyndebournefans. Immerhin hat er seit 1977 nicht ein Jahr ausgelassen und mehr Opern gesehen als sein Freund William, obwohl dieser Mitglied der Festival Society ist und er nicht. Sie sehen – es besteht Hoffnung.

Andrew Cooper behauptet, der wahre Grund, nach Glyndebourne zu kommen, sei die Oper und nicht etwa der Pimm's, den man nach der Aufführung an der Bar trinkt, oder das idyllisch-bukolische Ambiente. Auf keinen Fall ginge es primär ums Sehen und Gesehen werden. Aber – gewisse Zweifel an der Reihenfolge der Prioritäten sei erlaubt.

Kaum jemand, dem bei der Erwähnung von Glyndebourne außer Oper nicht spontan noch etwas einfällt: Picknick! Und zwar in Smoking und Abendkleid.

Glyndebourne – das ist das Ergebnis des Spleens eines reichen Engländers und der englischen Lebensmaxime »Geht nicht, gibt's nicht«, gepaart mit deutscher Effizienz und Fachwissen. Jeder Pubbesucher im Südwesten Englands wird Ihnen schmunzelnd bestätigen, daß englische Ideen und deutsche Gründlichkeit zusammen eine wunderbare Allianz eingehen und vor allem ein unschlagbares Erfolgsrezept darstellen. Noch heute erzählt man sich in Somerset und Devon die Geschichte von den fantastischen Zeiten, als deutsche POWs (*Prisoners of War*; Kriegsgefangene) als Landarbeiter auf den malerisch gelegenen, aber wenig ertragreichen Farmen zum Einsatz kamen. Die Deutschen setzten sich erst einmal hin und machten einen Plan, nachdem sie sich die Farm genau angesehen hatten. Dann krempelten sie die Ärmel hoch und setzten den Plan in die Tat um. Und voilà – zum großen Erstaunen der Farmer warfen ihre Höfe auf einmal Erträge ab, von denen sie bis dato nur hatten träumen können. Aber das nur am Rande. Zurück also zur großartigen Erfolgsgeschichte von Glyndebourne in Sussex.

Es begann mit einem Traum: John Christie hatte 1920 ein Herrenhaus und Ländereien in Glyndebourne geerbt.

Damals gab es praktisch keine Opernaufführungen in England. Dem wollte er abhelfen. John begann mit Laienproduktionen im Orgelraum von Glyndebourne, den er für seinen Freund Dr. Lloyd gebaut hatte, damit dieser – hauptberuflich Organist in der Eliteschule Eton – bei seinen Besuchen in Sussex ein adäquates Instrument vorfand.

Zunächst einmal sollte die Oper Johns Leben auf andere Weise verändern, als er sich das vorgestellt hatte. Er war 48 Jahre alt und überzeugter Junggeselle. Das dachte er jedenfalls, bis er bei einer seiner Produktionen die Berufssängerin Audrey Mildmay traf. Vorbei war es mit dem Junggesellenleben, die beiden heirateten. Was lag bei zwei Opernfans näher, als die Flitterwochen bei den Festspielen in Salzburg und Bayreuth zu verbringen. John kehrte voller Pläne zurück: Ein kleines Theater wollte er bauen, um seinen Produktionen einen professionelleren Rahmen zu geben. Audrey kommentierte sein Vorhaben mit den Worten »Wenn du schon all das Geld ausgibst, John, dann tu es um Himmels willen richtig!« und legte damit das Fundament für den späteren Erfolg. John war weise genug, auf die Worte seiner Frau zu hören, und ließ ein Theater mit 300 Sitzplätzen, einem kleinen Orchestergraben und einer Bühne bauen, die hinsichtlich Licht und Technik nichts zu wünschen übrig ließ.

Eher mehr oder weniger aus Zufall geriet er dann an zwei Männer, die seine Träume von professioneller Oper Wahrheit werden lassen konnten. Zwei Deutsche auf der Flucht vor dem Hitler-Regime hatte es nach England verschlagen: Fritz Busch war bis 1933 Leiter der Dresdner Semper-Oper gewesen. Er übernahm den Posten des Dirigenten, sein Landsmann Carl Ebert aus Berlin den des Produzenten. Ihre Zusage hatten sie an die Bedingung geknüpft, künstlerisch freie Hand und die ganze Verantwortung für die Produktionen zu haben. John hatte diesbezüglich keine Bedenken, vorausgesetzt, die beiden mischten sich nicht in die finanziellen Angelegenheiten bei der Festivalplanung ein. Das war sein Metier.

Am 28. Mai 1934 hob sich erstmals der Vorhang über dem Glyndebourne Festival. Es begann mit »Figaros Hochzeit«. In den zwei Festivalwochen folgten fünf weitere Vorstellungen dieser Produktion sowie sechs Aufführungen von »Così fan tutte«. Die Zuschauer waren begeistert. Sie waren gekommen, um etwas Abwechslung zu genießen und um die Christies wohlwollend zu unterstützen. Doch kaum einer hatte mit einer derartig einzigartigen Erfahrung gerechnet: Während der langen Pause hatten sie vorzüglich diniert, waren in einem zauberhaften Garten flaniert, und sie waren Zeuge eines völlig neuen Standards der Opernaufführung geworden. Dieser war das Ergebnis endloser Proben und deutscher Gründlichkeit in der Orchesterarbeit, dem Gesang, der Schauspielerei, dem Bühnenbild und den Kostümen. Eine vollkommene Ensembleleistung war der Schlüssel zum Erfolg, auf Stars hatte man verzichtet. Aus aller Welt hatte man Künstler gewonnen, für deren Engagement nur die Kriterien Talent und Aussehen galten. Einen bekannten Namen brauchten sie nicht.

So wurde das, was als Spleen eines Engländers begann, schon im ersten Anlauf zu einer internationalen Institution. Bis zum Ausbruch des Zweiten Weltkrieges wurde weiter daran gefeilt, das Theater ausgebaut und auf 527 Plätze erweitert, die Gartenanlage verbessert. Außerdem, immer das Wohl der Festivalbesucher im Blick, bauten die Christies ein Restaurant. Das Repertoire wuchs jedes Jahr, zu den fünf Mozart-Opern kamen Verdis »Macbeth« und Donizettis »Don Pasquale« hinzu.

Der Krieg brachte eine Zäsur, die zehn Jahre dauern sollte. Als die deutsche Luftwaffe den »Blitz« genannten Bombenangriff auf London begann, wurde das Haus in Glyndebourne zum Schlafsaal für aufs Land evakuierte Londoner Kinder umgebaut.

Mit dem Ende des Krieges wollte John Christie den Opernbetrieb zwar wieder aufnehmen, doch seine finanziellen Ressourcen waren erschöpft. Hunderttausend Pfund hatte er bereits investiert, und damit war sein Limit erreicht. Eine Kleinigkeit wie Geld hat jedoch noch nie einen Engländer von großen Plänen und kulturellen Visionen abgebracht. Wenn man anfing, sich von monetären Engpässen beunruhigen zu lassen, könnte man sich letztendlich über alles aufregen. Da es in Glyndebourne im Moment erst einmal nicht so recht weiter ging, beteiligte sich John Christie kurzerhand an der Gründung des Edinburgh Festivals, das 1947 erstmals stattfand. Die Stadt Edinburgh subventionierte dieses ambitionierte Kulturspektakel, und mit dieser finanziellen Unterstützung konnte es sich Glyndebourne leisten, neue Produktionen wie »Ein Maskenball« und »Ariane auf Naxos« zu präsentieren. Dazu kam das bekannte Mozart-Repertoire. In Glyndebourne selbst feierte man 1946 die Weltpremiere von Benjamin Brittens »The Rape of Lucretia«, 1947 gefolgt von »Albert Herring«.

Mit Beginn der fünfziger Jahre kam die Industrie zu Hilfe und begann, das Festival zu sponsern. Die *Glyndebourne Festival Society* wurde gegründet, um durch Mitgliederbeiträge den Erhalt des Festivals zu garantieren. Der *Glyndebourne Arts Trust*, 1954 gegründet, vervollständigte die finanzielle Absicherung des Festivals.

Ein neues Opernhaus mit Platz für 1250 Besucher wurde 1994 eröffnet. Aus diesem Anlaß hatte man einen neuen Garten angelegt, den Bourne Garden. Exotische und architektonisch interessante Pflanzen bilden einen dichten Dschungel aus saftigem Grün. Eine Besucherin schwärmt, daß Echium pininana wie Ausrufezeichen hervorstechen. Sie meint, Oliver Knussens Oper »Where the Wild Things Are« hätte als Inspiration für die Bepflanzung gedient. Baumfarne, Artischocken, Calla-Lilien und Bambuspflanzen buhlen um die Aufmerksamkeit der Besucher. Ganz anders der formale Figaro Garden, der in vier Quadrate unterteilt ist, in denen Fingerhut, rosa und weiße Rosen wachsen, unterpflanzt von Glockenblumen und üppiger blaublühender Katzenminze.

Der *long terrace walk* genannte Weg, der an dem alten, mit Efeu, Glyzinien und Kletterhortensien bewachsenen Herrenhaus entlangführt, ist ein Musterbeispiel für die erfolgreiche Beetbepflanzung: Salbei, Alliums, orientalischer Mohn sowie keck in die Höhe wachsender Rittersporn und Nachtkerzen setzen farbige Akzente. Die Gärtner von Glyndebourne haben viele Pflanzen wegen ihres berauschenden Dufts gewählt, darunter Tabakpflanzen und das an Vanille erinnernde Heliotrop.

Dazwischen sitzen Menschen in Smoking und Abendkleid und genießen die Pause in der Operndarbietung mit einem Picknick. Anderthalb Stunden haben sie Zeit, sich dem Inhalt der exquisiten Picknickkörbe zu widmen. Darin finden sich Vorspeisen, Hauptgerichte und, nicht zu vergessen, ein Dessert. Traditionelle Glyndebourne-Picknicks sind, trotz Hummer und Champagner, eher informelle Angelegenheiten. Deshalb findet sich in den Picknickkörben, die man bei *Lethey & Christopher* bestellen kann, auch Picknickdecken, ein Tischtuch, Gläser, Geschirr (selbstverständlich aus Porzellan) und Besteck. Wenn es denn unbedingt sein muß, kann man auch Tische und Stühle bestellen, aber das wird eigentlich als unpassend angesehen. Übrigens muß man den schweren Korb nicht persönlich zu seinem Platz zwischen Rittersporn und Rosen tragen – livrierte Diener helfen dabei.

Liebe Sünde: Pasteten, Sahne und ein Schlückchen Wein

British food might have taken on many of its influences from outside, but the end results – what we have today – are as good as those of any other country.

Gary Rhodes, *New British Classics*

Es war kurz nach Mitternacht, und wir waren zu müde, um noch länger an seinem Krankenhausbett zu sitzen, aber auch zu aufgewühlt, um zu schlafen. Also fuhren wir heim zu einer guten Tasse Tee. Für meine Mutter noch immer die Lösung für alles.

Tony Parsons,
Männlich, alleinerziehend, sucht …

England und Essen – bei dem Gedanken daran teilen sich die Geister: Die einen schütteln sich bei der Erinnerung an als Austauschschüler erlittene Grausamkeiten, denken an geschmackloses, zur Unkenntlichkeit zerkochtes Gemüse und ähnliche Verbrechen in der Küche. Wer kennt sie nicht, die Horrorstories von fettriefenden Sägemehlarrangements, die sich hochtrabend Würstchen nennen und gemeinsam mit Bohnen in Tomatensoße und nicht zu Ende gebratenen Eiern schon morgens ziemlich auf den Magen schlagen können. Andere wiederum geraten ins

Schwelgen, schwärmen von Pasteten, Fisch- und Wildspezialitäten und träumen von *cream tea* in sonnigen Gärten.

Wie immer ist an jeder Sichtweise etwas Wahres dran. Wie in jedem Land der Welt gibt es in England Menschen – darunter leider auch Köche –, die nicht kochen können. Aber die englische Küche ist um einiges besser als ihr Ruf. Nachdem Jahre lang die Briten im landestypischen Understatement ihre Küchen- und Kochfähigkeiten bezweifelt haben, hat sich in den letzten Jahren ein neues Selbstbewußtsein entwickelt. Kochprogramme haben im Fernsehen inzwischen einen Kultstatus erreicht, der dem der Haus- und Gartensendungen um nichts nachsteht. Die Fernsehköche sind bekannt und beliebt wie »Soap«-Stars. Von Rick Stein, dem Fischspezialisten, war schon die Rede. Jamie Oliver ist gerade Anfang 20 und bereits dabei, ziemlich frischen Wind in die englische Küche zu bringen. Drei Serien als »Naked Chef« hat der junge Mann bereits abgedreht und drei Kochbücher veröffentlicht. Er stammt aus Südengland, ist in einem Pub groß geworden und redet und kocht einfach drauflos. Das Ergebnis sind Gerichte, die Spaß machen (ein beliebter Nachtisch ist die mit Wodka gefüllte Wassermelone!) und die mehr oder weniger leicht nachzukochen sind – von ihm immer im Hinblick darauf konzipiert, daß seine am Herd völlig unbegabte Frau Jools sie ohne Probleme nachkochen könnte. Profikochen ohne Hilfsmittel der Großküche am heimischen Herd brachte ihm den Titel »Naked Chef« ein. Auf Gary Rhodes, der so aussieht, als moderiere er Musiksendungen, kommen wir gleich noch.

Viel mehr noch als in Deutschland haben Supermärkte in England den Tante-Emma-Laden an der Ecke verdrängt. Und nicht nur den: Metzger kämpfen landesweit ums Überleben. Es ist eben so viel einfacher, in den Supermarkt an den Stadtrand zu fahren, der oft als sogenannter »Hypermarkt« Dimensionen einer mittleren Kleinstadt annehmen kann und rund um die Uhr geöffnet hat. Fertiggerichte in -zig Variationen, vorgekochtes Gemüse in Dosen, abgepacktes und bereits gewürztes Fleisch unbekannter Herkunft – der »Verlockungen« gibt es viele, die dem Verbraucher das Leben am Herd vereinfachen sollen.

Aber auch da hat sich in den letzten Jahren etwas getan. Die Anonymität der Supermärkte und damit verbunden die Ungewißheit, woher die Produkte eigentlich kommen, haben eine Gegenbewegung herausgefordert. Bauernmärkte haben sich entwickelt, auf denen die Produkte direkt frisch vom Erzeuger angeboten werden. Viele Farmen verkaufen inzwischen ihre eigenen und andere regionale Produkte in den Höfen angegliederten Läden, sogenannten Ab-Hof-Verkäufe. Zumindest auf dem Land hat sich ein gewisser Stolz auf die eigenen Produkte entwikkelt. Vielleicht ist es ja auch nur eine Trotzreaktion auf die verpönten EG-Verordnungen aus Brüssel gewesen, aber egal: Endlich bekommt man problemlos frisches Fleisch und Gemüse beim Erzeuger.

England hat viele Spezialitäten zu bieten, die – wären sie mit einem französischen Namen geadelt – weltweit der Haute Cuisine zugerechnet würden. Bekannt ist die englische Küche vor allem für Bodenständiges wie herzhafte Pasteten und Aufläufe, die unter dem Namen *pie* zusammengefaßt werden, oder nahrhafte Eintöpfe (*stews*).

Einer, der sich der Renaissance der Britischen Küche verschrieben hat, ist Gary Rhodes. Der Mann ist jung und dynamisch, sieht eher aus wie ein Rockstar, und versucht, seinen Landsleuten die traditionellen Gerichte der Insel wieder näherzubringen. Er begann seine Kochkarriere im Castle Hotel in Taunton (ansonsten bekannt für die Spukauftritte des blutrünstigen Richters Judge Jeffreys aus dem 17. Jahrhundert), wo er sich seinen ersten Michelin-Stern erkochte. Zwei weitere Sterne folgten, einer davon in seinem eigenen, hochgelobten Restaurant *city rhodes* in London.

Cornish pasty gehört zu den Gerichten, die er zu neuem Leben erwecken will. Diese Pastete wird seit Hunderten von Jahren in Cornwall zubereitet. Im Laufe der Zeit wurde sie auch schon einmal *tiddy oggy* genannt oder auch *hoggen*, vorausgesetzt, es fanden sich keine Kartoffeln in dem knusprigen Teigmantel. Egal, wie man die Pastete letztendlich nannte, das Gericht gehörte zu den Grundnahrungsmitteln in Cornwall. In der Vergangenheit war man nicht allzu wählerisch bei der Zusammenstellung des Innenlebens der Pastete: Fleisch, Fisch, Gemüse, Eier oder Obst kamen in den Teigmantel. Manchmal, so sagt Gary Rhodes, war die *cornish pasty* auf der einen Seite pikant, auf der anderen Seite süß gefüllt. Damit hatte man sämtliche Gänge des Mittagessens in einem Gericht abgedeckt. Heutzutage ist *cornish pasty* immer noch beliebt, nicht nur in Cornwall. Jedoch beschränkt man sich heute bei der Auswahl der Zutaten auf Rindfleisch, Kartoffeln, Zwiebeln und Rübe. Wichtig ist, daß nichts vorgekocht wird, sondern in rohem Zustand in kleinen Häppchen in den Blätterteig gewickelt wird. Es heißt, daß der Teig so fest gebacken sein mußte, daß er 30 Meter tief in einen Minenschacht geworfen werden konnte, ohne zu brechen. Der Bergarbeiter, der in den Zinnminen Cornwalls ein dunkles und hartes Leben fristete, konnte dann den Teigmantel aufbrechen und sein Mahl genießen.

Gary Rhodes versichert, daß die Teigkruste bei seinem Rezept garantiert knusprig bleibt, da sei ein Abwurf in Minen oder aus Fenstern zur Überprüfung nicht nötig. Zu einem *cornish pasty* empfiehlt Gary Rhodes ein Glas *cider*, der alkoholreichere Verwandte des französischen Cidre, für dessen Produktion Somerset berühmt ist. Schon mancher Tourist, der bei einer Rast in einem der zahlreichen strohgedeckten Pubs im Westen Englands zu einem Glas erfrischenden *cider* griff, hat sein wahres Wunder erlebt: Bis zu 8 Prozent Alkohol bringen Wanderer schon mal aus dem Tritt, den er bald schon zügig beschleunigen muß, um sich der durchschlagenden Wirkung des Apfelweins in einer der in England so zahlreichen öffentlichen Toiletten zu entledigen.

Cider wurde traditionell von Bauern hergestellt, die die Äpfel ihrer Obstgärten für den eigenen Gebrauch zu Apfelwein verarbeiteten. Manche Familie verkaufte ihren *cider* zwar auch an die örtliche Kneipe, doch *cidermaking* war im Prinzip nicht zum Gelderwerb gedacht. *Cider* war vor allem für den Verbrauch durch die Farmarbeiter bestimmt, die täglich ca. 2,5 Liter als Teil ihres Wochenlohns erhielten. Diese Tagesration wurde von den großen Fässern in den *farm cider houses* in Holzfäßchen abgefüllt, die als Flaschen fungierten und im West Country als *firkins* bekannt sind. Außerdem hatte jeder Arbeiter seinen eigenen Trinknapf aus Kuhhorn.

Manch einem mögen 2,5 Liter *cider* pro Tag schon viel erscheinen, auch wenn die Arbeiter während der Ernte hart arbeiten mußten. Aber der Durst der Landarbeiter war damit noch lange nicht gestillt. In der Regel war das Fäßchen bereits mittags nachfüllbereit, wenn besondere Aufgaben anstanden. Gar nicht mehr zu bremsen war der

Ciderstrom während des Heumachens oder während der Ernte. Da kamen manche Landarbeiter schon auf einen regelmäßigen Verbrauch von neun Litern!

Tagelöhner erhielten während der Ernte ihren Lohn in *cider*, Brot und Käse ausgezahlt. Bauern, die selber keinen *cider* herstellten oder, schlimmer noch, deren *cider* nicht schmeckte, fanden es entsprechend schwierig, Arbeitskräfte zu finden!

Wenn es auch kaum noch Farmer gibt, die ihr eigenes *cider house* auf dem Hof haben, ist *cidermaking* in Somerset immer noch von großer Bedeutung. Wer über Land fährt, wird überall Apfelplantagen sehen und an Höfen das Schild »Cider-Verkauf« finden. Äpfel stehen im Mittelpunkt von besonderen Festtagen: Im Herbst finden »Apfeltage« statt, bei denen Apfelsorten verkostet und die besten Produkte mit Äpfeln als Zutaten wie Chutneys und Kuchen prämiert werden. Nicht nur in Carhampton, einem kleinen Ort am Rande des Exmoors in Somerset, wird eine Tradition hochgehalten, die sich *wassailing* nennt. Die Bedeutung von *wassail* wird im Lexikon als Gruß oder die Sitte erklärt, von Haus zu Haus zu ziehen und den Nachbarn ein gutes neues Jahr zu wünschen (angelsächsisch »waes hael« = »health be to you«). Im West Country hat *wassail* jedoch noch eine weitere Bedeutung: Am 17. Januar trifft man sich im Apfelgarten und trinkt auf eine gute Apfelernte. Ein großes Feuer wird entfacht und ein Sänger stimmt eine Hymne auf den Apfelbaum an.

Darauf ruft die Menge dreimal *cheers*, Schüsse werden in die Bäume gefeuert. Ein Stück Toast, getränkt in *mulled cider* (nach einem streng geheimen Rezept gewürzter warmer *cider*), wird in eine Astgabel gesteckt, um böse Geister abzuhalten. *Mulled cider* wird dann um die Wurzeln des Apfelbaums gegossen, und schließlich darf sich auch die Menge daran laben. Den Rest der Nacht verbringt man im Pub.

Auch wenn nicht mehr jede Farm ihren eigenen *cider* macht, ist *cidermaking* in vielen Fällen immer noch ein Familiengeschäft. Eine Farm, die sich ganz aufs *cidermaking* spezialisiert hat, ist zum Beispiel Sheppy's Farm bei Taunton in Somerset. Die Kunst des Cider-Machers ist mit der des Winzers zu vergleichen. Damit der Cider schmeckt, braucht es spezielle Sorten, die besonders tanninhaltig sind. Die Äpfel, die auf Sheppy's Farm wachsen, tragen Namen wie Kingston Black, Yarlington Mill, Dabinett, Stoke Red und Tremlett's Bitter. Diese Sorten haben weniger mit den Äpfeln zu tun, die man normalerweise ißt oder zum Kochen und Backen verwendet. Der nächste Verwandte des Cider-Apfels ist der wilde Holzapfel. Das Obst ist klein, hart und oft recht unansehnlich. Der Tanningehalt ließe beim normalen Verzehr keine rechte Freude aufkommen. Erst im November sind die Cider-Äpfel richtig reif. Sie werden nicht gepflückt, sondern vom Boden aufgesammelt. Bei Sheppy's kommen jährlich 6 Millionen Äpfel in die Presse. Aus einer Tonne Äpfel werden ungefähr 450 Liter Apfelsaft gewonnen. Bei der Herstellung des Ciders kommt es dann auf die richtige Mischung der Apfelsorten an, um den für jeden Hersteller typischen Geschmack zu erzielen. Wie jeder Winzer hat auch ein *cidermaker* verschiedene Marken im Angebot, der Geschmack reicht von herb bis süß, von ohne Kohlensäure bis mit Kohlensäure, von weniger bis hochprozentig. *Scrumpy* ist das Äquivalent zum Federweißen – vermeintlich niedrig im Alkohol, aber bei reichlichem Genuß mit durchaus verheerender Wirkung …

Dem Südwesten Englands ist noch eine andere Spezialität zu verdanken. Oft mit dem Zusatz »Devon« versehen wurde *cream tea* in die angelsächsische Welt exportiert, doch bekommt man außerhalb des West Country nur eine traurige Kopie des köstlichen Originals.

Tee ist, das hat sich inzwischen wohl überall herumgesprochen, *das* Nationalgetränk der Briten. Der Reisejournalist Bill Bryson zeigt sich in seinem Buch »Reif für die Insel« sichtlich beeindruckt über das Verhältnis der Engländer zum Tee: »Bis zum heutigen Tag bleibe ich beeindruckt von der Fähigkeit der Briten aller Alters- und sozialen Klassen, dermaßen begeistert auf die Aussicht auf ein heißes Getränk zu reagieren.« Man trinkt Tee klassenübergreifend im ganzen Land zu jeder Tages- und Nachtzeit, auch wenn in den letzten Jahren der Kaffee auf dem Vormarsch ist. Tee gilt als Durstlöscher sowie als Energie- und Wärmespender. Wenn ältere Damen erschöpft vom Einkaufsbummel oder nach dem Durchwandern einer Gartenanlage in einem Tea Room zusammengebrochen sind, kann nur Tee die Lebensgeister wieder erwecken. Der erste Schluck, mit halbgeschlossenen Augen genossen, hat unweigerlich ein genußvolles »Ahhh … es geht eben nichts über eine gute Tasse Tee« zur Folge. Der Kolumnist Robert Lynd philosophierte vor einigen Jahren über die Abhängigkeit seiner Landsleute von Tee und stellte fest: »Wenn sie nach dem Aufstehen keine Tasse Tee bekommen haben, beginnen viele Menschen den Tag mit einem unglücklichen Gefühl, als wenn sie beim Aufschlagen der Zeitung gelesen hätten, daß der australische Kontinent in den Fluten des Ozeans untergegangen wäre.« Der Tasse Tee am Nachmittag kommt die gleiche Bedeutung zu wie dem ersten Schluck am Morgen. Lynd erzählt von einer Krankenschwester, für die Teentzug die denkbar schlimmste Katastrophe darstellte: »Wenn sie zehn Minuten länger als sonst üblich auf ihren Tee warten mußte, machte sich ein Ausdruck auf ihrem Gesicht breit, als sei sie vom Hungertod bedroht.«

Vorsicht ist übrigens angebracht, wenn Sie von einem Engländer zum Tee eingeladen werden. Handelt es sich bei Ihrem Gastgeber um ein Mitglied der oberen Schichten, wird Ihnen genau das serviert, was Sie erwartet haben: schwarzer Tee, dazu ein Kännchen mit Milch, und für den kleinen Appetit *cucumber sandwiches* (Weißbrothäppchen mit Salatgurke belegt) oder etwas Süßes. Wenn Sie allerdings bei Engländern eingeladen sind, die eher den unteren Klassen angehören, machen Sie sich auf ein solides Abendessen gefaßt, das mindestens aus Fleisch und drei Gemüsesorten besteht. An der Uhrzeit können Sie den Unterschied leider nicht ablesen: in beiden Fällen erwartet man Sie gegen 17 Uhr.

Wenn Tee alleine in England schon als Nahrung für die Seele gilt, dann kommt *cream tea* einer Götterspeisung gleich. Das hat nun nichts mit Sahne im Tee zu tun, sondern steht für eine Leckerei, die im Südwesten Englands zu göttlicher Perfektion getrieben wurde. Zugegeben eine ziemlich kalorienhaltige. Unweigerlich murmelt jeder vor der Bestellung eines *cream tea* die Beschwörungsformel »Eigentlich sollte ich ja nicht ...«, bevor er oder sie alle Diätpläne über Bord wirft und sich willenlos der Sünde hingibt.

Frischgebackene, noch warme *scones* (eine Art Brötchen), selbstgemachte Erdbeermarmelade und dazu eine großzügige Portion *clotted cream*, die sahnig und doch so fest sein muß, daß der Löffel darin stehenbleibt, das ist – dem verzückten Blick der Genießer nach zu urteilen – gleichbedeutend mit einem Ausflug ins Paradies.

Die Ursprünge der *clotted cream* sind ebenso märchenhaft wie ihr Anblick. Der Riese Blunderbus lebte einst glücklich und zufrieden mit seinen vier Ehefrauen im Dartmoor in Devon. Drei dieser Frauen waren vorzügliche Köchinnen, nur Jennie, die vierte und jüngste, hatte mit Kochen einfach nichts im Sinn. Nichts gelang ihr: Das Fleisch war immer angebrannt, das Gemüse zerkocht und der Einsatz von Gewürzen ein Buch mit sieben Siegeln. Eine Weile schaute sich Blunderbus die Versuchsreihen von Jennie an, dann hatte er genug. Jennie wurde ins Exil nach Cornwall geschickt. Da saß die Arme nun, einsam und verlassen, in ihrer Höhle in den Klippen und schaute traurig aufs Meer. Eines Tages bemerkte sie ein phönizisches Schiff am Horizont, dem sich ein Piratenschiff näherte. Schnell zündete sie ein großes Feuer und konnte so die ehrbaren Seeleute retten.

Der phönizische Kapitän war ihr natürlich für die Rettung sehr dankbar. Als er von ihrem traurigen Los erfuhr, brachte er ihr bei, wie sie eine Köstlichkeit zubereiten konnte, bei der selbst Jennie nichts verkehrt machen konnte. So sollte sie die Liebe des Riesen Blunderbus zurückgewinnen. Tatsächlich war Blunderbus von dem neuen Gericht begeistert, und Jennie durfte nach Hause zurückkehren. So kam *clotted cream* nach Devon.

Allerdings streitet man noch heute darüber, ob *clotted cream* eine typische Spezialität Cornwalls oder Devons ist. Unbestritten ist jedoch, daß man im Libanon auch heutzutage noch *clotted cream* herstellt. Damit ist die Legende von den phönizischen Ursprüngen vielleicht gar nicht so abwegig.

Auf jeden Fall findet man bereits im ausgehenden Mittelalter Hinweise auf die Zubereitung von *clotted cream*: Schon Anfang des 14. Jahrhunderts benutzten die Mönche von Tavistock Abbey *clotted cream* zur Herstellung von Butter, wobei die Milch von Kühen und Schafen verwendet wurde. 1542 verwies Andrew Boorde in seiner Abhandlung »Dyetarie« darauf, daß *clotted cream* nicht als gesundes Nahrungsmittel im engeren Sinne gegessen wurde, sondern eher als eine Streicheleinheit für die Sinne zu betrachten sei: »Clowted crayem ... is eaten more for a sensual appetite than for any good nourishment«. Daran hat sich in den letzten knapp fünfhundert Jahren nichts, aber auch gar nichts, geändert.

Früher war es üblich, daß jeder Bauernhof seine eigene *clotted cream* herstellte. *Clotted* stammt übrigens von dem Wort *clout* (Lappen). Es beschreibt die Entstehung der dicken Haut, die sich auf der Sahne beim Kochen bildet. Die Farmer nutzten so die am Abend noch übriggebliebene Milch. Über Nacht blieb die Milch an einem kühlen Ort, damit die Sahne sich absetzen konnte. Am nächsten Morgen wurde die Milch erwärmt und knapp unter dem Siedepunkt gehalten, bis die Flüssigkeit verdunstet war und sich eine dicke, gelbe Sahnehaut gebildet hatte. Wieder wurde die Schüssel über Nacht kalt gestellt, damit sich die Sahne verdicken konnte. Dann schöpfte man die *clotted cream* mit einem Schöpflöffel oder mit Hilfe einer flachen Muschel ab. So konnte man einen Hauch von Luxus in den harten und entbehrungsreichen Alltag bringen.

Zahlreiche Besucher des englischen Südwesten schwärmen über die Jahrhunderte von dieser köstlichen Spezialität. William Gladstone, einer der großen Staatsmänner des viktorianischen Zeitalters (1809–1898), bringt es wohl auf den Punkt: »*Clotted cream* ist eine Speise der Götter.«

Es soll Leute geben, die ihren Urlaub im West Country damit verbringen, den perfekten *cream tea* zu finden. Jeder Tea Room und jeder Tea Garden hat die Kombination aus *scones*, Erdbeermarmelade und *clotted cream* im Angebot, aber nur dort, wo die *scones* nicht schon beim Hinsehen bröseln, die Marmelade wirklich hausgemacht ist und die *clotted cream* sahnig-fest in großen Mengen serviert wird, werden Punkte wie Michelin-Sterne vergeben. Der dazu servierte Tee sollte frisch gebrüht und nicht ein müder Aufguß aus Teebeuteln sein. Wenn dann noch das Ambiente stimmt, das Geschirr hübsch geblümt und die Aussicht malerisch ist, dann weiß man, daß man Urlaub in West Country macht.

Heftig diskutiert wird übrigens unter Kennern, ob der beste Platz der *clotted cream* unter oder über der Marmelade ist. In Devon und Somerset beginnt man mit der *clotted cream*, in Cornwall wird zuerst die Erdbeermarmelade auf dem *scone* verteilt. Die Vertreter der Cornwall-Fraktion behaupten, daß die Bewohner Devons ihre *clotted cream* unter der Marmelade verstecken wollen – aber, unter uns, wahrscheinlich haben diese nur herausgefunden, daß man so viel mehr *clotted cream* auf seinen *scone* bekommt.

Eine Variante dazu ist *thunder and lightning* (Donner und Blitz). Dabei wird Sirup aus höchster Höhe auf die *clotted cream* geträufelt. Der Trick besteht darin, das *scone* zu essen, bevor der Sirup über den Rand des Brötchens gelaufen ist. In seiner Geschichte der *Tate & Lyle Syrup Company* wunderte sich Sir Oliver Lyle, warum in Cornwall pro Kopf mehr Sirup verkauft wurde als im ganzen restlichen Land zusammen. Offensichtlich hatte er noch nie etwas von *thunder and lightning* gehört. 1998 lag der Sirupverbrauch im Südwesten Englands immer noch um 60 Prozent über dem nationalen Durchschnitt.

Cornish pasty, cider und *cream teas* sind Spezialitäten, die typisch sind für Südengland und die man eigentlich nirgendwo sonst in der Qualität des Originals bekommen kann. Aber es gibt noch ein Produkt in Südengland, das bemerkenswert ist, wenn es auch nie zu Weltberühmtheit gelangen, sondern eher als Skurrilität belächelt wird: Die Rede ist von Wein, den bereits die Römer in Kent anbauten. Überraschend häufig kommt man an Hinweisschildern vorbei, die, mit einer stilisierten Traube versehen, auf einen Weinberg hinweisen, der für die Öffentlichkeit zugänglich ist. Einige davon betreiben ihr Gewerbe hochprofessionell, andere eher als Hobby. Wichtig ist übrigens, daß auf den Etiketten der Zusatz »English Wine« vermerkt ist, denn nur dann wurden in England gezogene Trauben in Wein verwandelt – »British Wine« gibt es zwar auch, doch wird dafür aus dem Ausland importierter Traubensaft in Großbritannien mehr recht als schlecht zu Wein verarbeitet.

Der Weinanbau in England gewann erst in den vergangenen zwanzig Jahren wieder an Popularität. In ganz England und Wales sind ungefähr 800 Hektar mit Reben bepflanzt, aus denen Wein gewonnen wird. 1996 war ein Glanzjahr für den englischen Weinanbau. Es wurden insgesamt 26 573 Hektoliter produziert – im Vergleich zu gerade mal 1000 Hektoliter im Jahr 1979.

Gay Biddlecombe erzählt in »A Vine Romance« von den Widrigkeiten, die einen Laien befallen, der es sich in den

Kopf gesetzt hat, in Sussex Wein anzubauen. Und zwar nicht als Hobby, sondern mit dem Ziel, als Winzer ernstgenommen zu werden. Aus Deutschland kamen 5000 Rebstöcke, die gepflanzt und hochgebunden werden mußten. Über 1300 Pfosten mußten in mühevoller Handarbeit gesetzt und mehrere Kilometer Draht gezogen werden. Und das war erst der Anfang. Kein einfaches Unterfangen, aber Gay Biddlecombe setzte sich durch und am Ende konnte sie in »A Vine Romance« eine Erfolgsgeschichte schreiben. Ihr Wein, St. George's, wird sogar im House of Commons, dem britischen Unterhaus, getrunken.

»Viele Leute können sich einfach nicht vorstellen, daß wir hier richtig guten, qualitativ hochwertigen Wein haben«, beschwert sich Derek Pritchard, der in Wootton Courtney am Rande vom Exmoor-Nationalpark immerhin sieben Hektar mit Reben bepflanzt hat, bitterlich bei mir. In der Tat ist für den Laien schwer nachvollziehbar, daß irgendein respektabler Wein bei dem Wind und dem Salzgehalt in der Luft gedeihen kann. Aber wie man bei Derek und den anderen Weinbauern sieht – es geht, und der Wein kann sich sehen lassen. Und trinken.

Von Dereks Weinberg kann man auf Dunkery Beacon sehen, mit seinen 520 Metern die höchste Erhebung im Exmoor. Angebaut hat Derek u. a. die Weißweinrebe Madeleine Angevine, aber auch Rotwein wie Dornfelder. Nach einem langen Vortrag über den Weinanbau an sich und am Rande vom Exmoor im besonderen bringt mir Derek, der das alles doch recht ernsthaft und professionell betreibt, ein Glas des jungen Rotweins. Das Resultat ist verblüffend. Natürlich hat der Wein noch einige Jahre an Weg vor sich, aber er ist schon jetzt sehr vielversprechend: dunkelrot, samtig, mit einem starken Kirschgeschmack.

Irgendwann einmal war ich mit dem Auto an Dereks Weinberg vorbeigefahren und mochte meinen Augen nicht trauen. Hier hatte ich garantiert keine Reben erwartet. So war ich neugierig geworden, denn nur so zum Spaß wird kaum jemand mehrere Hektar mit Weinstöcken bepflanzen. Im Internet gab es eine ganze Website, die sich mit englischen Weinbergen beschäftigt, von denen verhältnismäßig viele tatsächlich im Westen Englands liegen. Besagte Website verwies zum Beispiel auf einen *North Devon Wine Trail*, der recht vielversprechend klang.

An einem regnerischen Tag Ende Oktober machte ich mich mit dem Computerausdruck der »Weinstraße« über die Brendon Hills auf den Weg Richtung Bampton am südlichen Ende des Exmoor Nationalparks. Erste Station war Oakford Vineyard. Romantisch lag das alte Pfarrhaus oberhalb eines malerischen, verschlafenen Dörfchens. Peter und Susi Rostron, die Besitzer, erwarteten mich schon. Sie waren mindestens ebenso neugierig, wieso um Himmels willen ich denn ausgerechnet von ihnen Informationen über den englischen Weinbau wollte, wie ich, wie man denn bloß in dieser Gegend erfolgreich Wein anbauen könnte. Peter, ehemaliger Offizier der Britischen Armee und als solcher lange in Deutschland stationiert, erwärmte sich aber schnell dafür, einen aufmerksamen Zuhörer vor sich sitzen zu haben, der nicht lange dazu überredet werden mußte, zu einer Wanderung durch die triefenden Reben rund ums Haus aufzubrechen.

Der Rundgang fiel relativ kurz aus, denn es handelt sich (noch) um einen recht kleinen Weinberg. Es gibt auch noch keinen Wein zum Probieren, denn da die Reben erst vor wenigen Jahren gepflanzt wurden, konnte in diesem Herbst erstmals geerntet werden.

Peters Weinberg entsprach im Prinzip sämtlichen Vorurteilen über den englischen Weinbau. Malerisch sah ja alles aus, aber ob da mehr dahinter stecken sollte als ein Hobby und Fasanenfutter (diese Vögel lieben Trauben über alles) – das blieb zunächst offen.

Nun hätte ich mir noch zwei kleinere Vineyards südlich von South Molton ansehen müssen, wenn ich der Route des *North Devon Wine Trail* gefolgt wäre. Aber angesichts des unfreundlichen Wetters und der Aussicht auf zwei weitere winzige Hobbybetriebe beschloß ich, direkt zum Yearlstone Vineyard südlich von Tiverton zu fahren. Hier sah alles professioneller aus: Ein Hinweisschild führte von der Hauptstraße den Berg hinauf, ein kleines blumenumranktes Häuschen trug den hoffnungsvollen Titel »Shop«, und die Reben standen auf einem richtigen Weinberg. Außerdem waren an jedem Reihenende Schilder befestigt, auf denen man sich über die Weinsorte, die in dieser Reihe wuchs, informieren konnte. Bereits seit 20 Jahren wurde hier Wein angebaut. Damit handelte es sich bei Yearlstone tatsächlich um den ältesten Weinberg Devons. Nur zu sehen war niemand.

Nachdem ich im unwirtlichen Herbstwetter über endlose, einsame Landstraßen bereits eine ansehnliche Strecke zurückgelegt hatte, stieg ich erst einmal ein wenig im Weinberg herum und las, daß es sich bei den Reben vor mir um Reichensteiner handelte und in der Reihe daneben Siegerrebe wuchs. Ein Kuriosum des englischen Weinbaus ist übrigens, daß in der Regel deutsche Rebzüchtungen angebaut werden, die man zwar in Deutschland kaufen, aber bis vor kurzem hier nicht anbauen durfte. Die zuständigen Stellen versuchten, den Rebsortenspiegel der deutschen Weinregionen möglichst begrenzt zu halten und verhinderten so die Zulassung neuer Rebsorten wie zum Beispiel Rondo. Doch auch in Deutschland wandelt sich diese Einstellung allmählich.

Als ich mich so langsam etwas ratlos wieder auf den Weg zum Auto machte, kam mir ein junger Mann und sein schwarzer Labrador entgegen, um sich freundlich zu erkundigen, was ich denn hier suchte, war doch der Laden ab Oktober in der Regel geschlossen. Roger White, so hieß der Mann, erzählte, daß viele Touristen an seinem Hinweisschild vorbeikommen, da sein Weinberg direkt oberhalb der alten Hauptstraße zwischen Tiverton und Exeter liegt, die das Flüßchen Exe mit all seinen Biegungen begleitet. Nur wenige Kilometer weiter südlich von der Abbiegung nach Yearlstone liegt das Örtchen Bickleigh, dessen steinerne Brücke über die Stromschnellen des Exe von Simon & Garfunkel in dem Lied »Bridge over troubled water« verewigt wurde. Aber das hat natürlich überhaupt nichts mit dem Thema Wein zu tun und sei nur am Rande erwähnt.

Die Touristen, die neugierig dem Hinweisschild nach Yearlstone folgen, sind gerne bereit, den Wein zu probieren und dann auch zu kaufen. Vom letzten Jahr war denn auch nur noch der Rosé und ein trockener Weißwein übrig. Der Rosé sah zwar überhaupt nicht so aus, wie man sich bei uns einen Rosé vorstellt – vom Aussehen und Geschmack her konnte er durchaus mit einem Spätburgunder von der Ahr mithalten.

Noch werden die Weintrauben von Martin Cursham in Staplecombe bei Taunton verarbeitet, der auch selbst Wein anbaut. Aber Rogers Frau Juliet ist gerade dabei, sich zur

Winzerin ausbilden zu lassen. Dafür nimmt sie einmal pro Woche den weiten Weg nach Sussex in der Nähe von London auf sich.

Ein paar Wochen später war ich mit Derek Pritchard in seinem Weinberg verabredet. Obwohl bereits der 3. November, war es so sommerlich warm, daß man im T-Shirt unterwegs sein konnte (soviel zum Thema englisches Wetter ...). Derek ist stolz auf die Räumlichkeiten, in denen er seinen Wein macht. Von Romantik konnte da keine Rede sein – blitzender Stahl, wohin man auch sah. Wenn da nicht der leichte Duft fermentierender Trauben in der Luft gelegen hätte, man hätte sich in einem Labor wähnen können. Im nächsten Jahr, so hofft Derek, soll dieses Gebäude soweit sein, daß er hier einen Raum speziell für Weinproben einrichten kann. Dann will er mit Restaurantchefs und den Herstellern lokaler Produkte Weinproben durchführen, um dem Publikum endlich die Möglichkeit zu geben, mehr über Wein zu lernen.

Derek wäre am liebsten hauptberuflich Winzer. Allerdings muß er zur Zeit noch sein Geld im wesentlichen mit der Einfuhr deutscher Maschinen zur Weintraubenverarbeitung verdienen. Wer hätte gedacht, daß es dafür einen Markt in England gibt?

Durch sein Importgeschäft hatten Derek und seine Frau sich häufig in Deutschland aufgehalten. Schließlich verbrachten sie einige Zeit in der Lehr- und Versuchsanstalt in Geisenheim, wo sie sich die Geheimnisse des Weinbaus aneigneten. Dann kauften sie auch noch zwei Weinberge an der Saar. Dort wird natürlich Riesling angebaut, den die beiden auch in England verkaufen.

Allerdings, so schimpft Derek, hätte kaum jemand Verständnis dafür, daß diese Weine eben ein wenig teurer seien. Alle erwarteten, deutsche Weine praktisch umsonst im Supermarkt zu bekommen, doch das, was da angeboten würde, wäre ja nur Fusel. Derek spukt die Namen dieser Weine, Liebfraumilch, Hock und Blue Nunn, förmlich aus. Recht hat er – diese süßen, leicht alkoholisierten Traubensäfte haben es kaum verdient, mit dem Titel »Wein« geadelt zu werden.

Wenn man sich die Apparaturen ansieht, die Derek für seinen Wein braucht, dann wundert es kaum, daß man seine Weißweine nicht unter fünf Pfund bekommt. Die Rotweine aus den Trauben Rondo, Dunkelfelder und Dornfelder, zum Teil im Barrique gereift, kosten sogar neun Pfund oder umgerechnet etwa 14 Euro – kein geringer Preis. Voller Stolz zeigt Derek das Gerät, das die Trauben entstielt und damit garantiert, daß die Weine weniger von den Tanninen enthalten, die sonst beim Trinken ein Fell auf der Zunge wachsen lassen.

Im Weinberg hat sich die Sonne zwischen den rotgefärbten Blättern der Reben gefangen. An einigen hängen noch Trauben, zur Freude von Fasanen und anderem Getier. Von hier aus hat man einen wunderbaren Blick auf die kahlen Höhen des Exmoors. In weiter Ferne sieht man Exmoor Ponys und Rotwild über die abgeblühte Heide ziehen. Es riecht nach gefallenem Laub und vergorenen Trauben. Der Herbst hat Dunkery Beacon schon erreicht. Zeit nach Hause zu gehen und den Abend bei Hirschragout und einem Glas Rotwein ausklingen zu lassen.

Intermezzo: Glockenspiele

Nowhere outside England except for a very few towers in the rest of the British Isles, America and the Dominions, are bells rung so well.

John Betjeman,
English Parish Churches

Eingebettet in die sanft gewellte Landschaft des englischen Südens liegen verschlafene Dörfchen, mittendrin die Kirchen. Wachturmgleich überragen sie die Häuser, Wiesen und Weiden in ihrem typischen spätgotischen *perpendicular style.* Sonntags morgens und zu bestimmten Zeiten während der Woche klingt ihr Glockengeläut durch die ländliche Stille. Das Läuten ist nicht mit dem majestätischen Ding-Dong deutscher Kathedralen oder dem hektischen Bim-Bim-Bim der Kapellen zu vergleichen. In England hört man abwechslungsreiche Melodienfolgen, deren Töne oft eine ganze Oktave umspannen.

Hinter dem melodischen Geläut stecken bis zu zehn Personen, die nach einem bestimmten Zahlendiagramm an den Glockensträngen ziehen. Je nach Anlaß werden Stücke mit Namen wie »Norwich Surprise« oder »Morning Star Treble Bob« geläutet. Zu besonderen Festlichkeiten gibt es auch schon mal einen sogenannten »Peal« –

dieser besteht aus 5040 Runden à sechs bis zehn Glocken und dauert im Durchschnitt zweieinhalb Stunden!

Einfach ist das freilich nicht. So schön das Glockengeläut klingt, so kompliziert sind die Zahlendiagramme. Jeder Glöckner muß sich darauf konzentrieren, den Pfad seiner Glocke zu kennen, denn die Abfolge der Glockenschläge ändert sich mit jeder Runde. *Method ringing* nennt man diese Gehirnakrobatik. Da gibt es, als die simpelste Variante, die einfache Jagd. Ein »Oxford Bob« genanntes Läuten sieht wie folgt aus (verfolgen Sie den *path* von Glocke 1):

123456
214365
241356
423165
432615
346251
364521
635412
653142
561324
516342
153624
156342
513624
531642
356124
365214

Auch wenn man es kaum glauben mag: es geht noch komplizierter. Eine Zeitlang werden die Glocken in der gleichen Reihenfolge geläutet, dann wird der Wechsel ausgerufen vom Läutmeister. Aus 123456 wird dann zum Beispiel 132456. Das ist natürlich nicht der Willkür der Glöckner überlassen. Es gibt Sammlungen beliebter *changes*, die Namen tragen wie Queens, Tittums und Whittingtons. Wohl dem, der über gute Konzentrationsfähigkeiten in Kombination mit einer gewissen Fitneß verfügt – der Einsatz an der Glocke ist eine interessante Alternative zum Fitneßcenter. Kein Wunder, daß Glöckner in England von ihrem Hobby als körperliche Ertüchtigung sprechen.

Insgesamt gibt es noch 40 000 Glöckner in Großbritannien, die in ihrer Freizeit regelmäßig proben und am Sonntag den Gottesdienst einläuten. Doch schweigen trotzdem viele Glockentürme, denn die Zahl der Glöckner reicht bei weitem nicht aus. Heute müssen viele engagierte Glöckner – sehr zum Leidwesen der Pfarrer – sofort nach Gottesdienstbeginn los, um in einer anderen Kirche in der Nachbarschaft die Glocken zu läuten. Der in der zweiten Hälfte des 19. Jahrhunderts gegründete Glöcknerverein möchte diesem unfreiwilligen Glöcknertourismus gerne ein Ende machen. Deshalb hat er bereits 1997 zu der Kampagne *Bells for the Millennium* aufgerufen. Freiwillige wurden gesucht, sich in die Kunst des Glockenläutens einführen zu lassen, damit am 1. Januar 2000 um 12 Uhr mittags in ganz Großbritannien die Glocken das neue Jahrtausend feiern konnten.

In Minehead, dem kleinen Seebad am Rande des Exmoor, trifft sich jeden Freitag um halb neun Uhr abends eine kleine, buntgemischte Gruppe zur Probe im Glockenturm von St. Michaels. Die jüngsten Glöckner sind gerade erst zwölf Jahre alt. Die ältesten sind bereits im Rentenalter.

Mick, die die Rolle der Läutmeisterin übernommen hat, stammt aus einem Pfarrhaushalt und wuchs mit dem Läuten auf. Während ihre beiden Kinder in der Ecke des Glockenturms spielen, versucht sie, mit viel Nachsicht und Geduld, ihre Gruppe zu Höchstleistungen zu motivieren.

Peter, 13 Jahre alt und seit einem Jahr dabei, übt den richtigen Zug erst einmal an der kleinen Glocke, die einen Dämpfer aufgesetzt bekommen hat, damit die Nachbarschaft nicht zu sehr unter der Probe leidet. Mick weist die vier Teenager, die alle vor maximal zwei Jahren angefangen haben, auch in die Geheimnisse des Glockenläutens ein. Zunächst müssen sie lernen, richtig am Glockenstrang zu ziehen. Dann kommt hinzu, im Rhythmus und im Einklang mit den anderen zu spielen. Nicht umsonst spricht man von einer *band*, deren Instrumente die Glocken sind. Der Begriff Teamarbeit bekommt hier auf einmal eine sehr konkrete Dimension.

John Betjeman schrieb in seiner Abhandlung über die englischen Gemeindekirchen auch über den Glockenturm: »Ein Glockenstuhl, in dem begeisterte Glöckner zugange sind, wirkt wie ein belebter, gutbesuchter Treffpunkt.« Das trifft auch auf den Turm in Minehead zu, wo sich die spielenden Kinder ganz zu Hause fühlen. An den Wänden hängen Tafeln mit »Peals« in goldenen Buchstaben, die an vergangene Glöcknerleistungen erinnern. Zettel mit Verhaltensregeln im Glockenturm sind an die Wand gepinnt. Auf dem Tisch stehen Coladosen, daneben liegen Zeitschriften. Wären die Glocken nicht, man könnte nur ahnen, daß sich unterhalb des Bodens der ehrwürdige Raum der Kirche erstreckt.

Glockenläuten ist nicht nur harte Arbeit, die ein gewisses Maß an Technik und viel Konzentration erfordert.

Schließlich kann der ganze Ort hören, wenn die Band Fehler macht. Die Glockenspieler haben auch ein reges Vereinsleben. Schon immer gehörte es dazu, andere Kirchen zu besuchen und dort die Glocken zu läuten. Auch heute noch werden regelmäßig Treffen veranstaltet, die mit einem Picknick und *cream tea* gefeiert werden. Wettbewerbe ermitteln die besten Bands. Eine Zeitschrift, »The Ringing World«, inzwischen auch online abrufbar, erscheint jeden Freitag mit den neuesten Nachrichten, die das Herz eines Glöckners bewegen, berichtet über Ereignisse rund ums Läuten und informiert über berühmte Glöckner. Seit 1911 gibt es diese Publikation schon, die sich weiterhin großer Beliebtheit erfreut.

Die Tradition des Glockenläutens im englischen Stil entwickelte sich im 16. Jahrhundert. Mit dem Britischen Empire breitete sich auch diese Art des Glockenspiels in der Welt aus. Die meisten Dorfkirchen haben sechs Glokken, die nur teilweise aus dem Mittelalter stammen. Die meisten wurden später, im 17., 18. und 19. Jahrhundert gegossen, als *change-ringing* eine Art populärer Dorfsport wurde. Viele Gemeinden sind stolz auf ihre Glocken und haben ihre Geschichten niedergeschrieben. Früher bestand in den Dörfern die Band der Glöckner im wesentlichen aus den Handwerkermeistern des Orts. Die Kunst des Glockenläutens wurde in der Regel vom Vater an den Sohn weitergegeben. Wer zu spät zu Probe oder Gottesdienst kam, mußte eine Strafe zahlen. Am Ende des Jahres wurde die Kasse allerdings unter der Band aufgeteilt und zweifelsohne im nächsten Pub in Getränke umgesetzt! Bis in die 40er Jahre dieses Jahrhunderts sah man nur selten Glöcknerinnen. Heute ist das anders: unter den vier jugendlichen Anfängern in Minehead sind drei Mädchen.

Die Probe in St. Michael's ist vorbei. Die Glockenstränge werden an der Decke aufgehängt. Die Kirchturmuhr darf wieder die Stunde schlagen. Jung und alt verabschieden sich bis zum Sonntag, dann läuten sie wieder gemeinsam den Gottesdienst ein.

Glockengeläut zieht sich, so Betjeman, durch die englische Literatur, genauso, wie das melodische Spiel, das über die lieblichen Hügel des englischen Südens plätschert, ein Bestandteil des englischen Alltags ist.

Südenglische Überlebensart

England is the paradise of individuality, eccentricity, heresy, anomalies, hobbies and humours.

George Santayana,
Soliloquies in England

Die Briten sind anders, stellte Wolf von Lojewski ebenso kurz wie lapidar fest, als es ihn in den 80er Jahren als Fernsehkorrespondent nach London verschlug. Dem kann man nur beipflichten: es handelt sich um eine Erkenntnis, die sich gleichermaßen durch Literatur, Filmwelt, Alltagserfahrungen und Urlaubserinnerungen zieht. Die nichtenglische Literatur bedient sich bei der Darstellung der Inselbewohner gerne des Klischees des Individualismus, gewürzt mit einer großzügigen Portion Exzentrik. Da ist zum Beispiel Sir David Lindsay, der verrückte Engländer, der in diversen Karl-May-Romanen auftaucht und sich auch von einer Horde angreifender Komantschen nicht davon abhalten läßt, weiterhin sein Schmetterlingsnetz zu schwingen, wenn ein seltenes Exemplar vor seiner Nase herumflattert. Da Engländer jedoch ebenfalls für ihren Humor und ihre Fähigkeit, sich selbst und das Leben nicht allzu ernst zu nehmen, bekannt sind, tauchen überspitzt gezeichnete Gestalten auch in den Büchern und Filmen auf, die von Engländern selbst verfaßt worden sind. Selbst James Bond, dem ansonsten so weltmännisch-charmanten Geheimagenten im Dienste Ihrer Majestät, haften durchaus Spuren der Exzentrik an. Ob John Cleese in der Rolle des Besitzers des Hotels *Fawlty Towers* an den Widrigkeiten des Lebens in Form von Mäusen oder untalentierten Kellnern verzweifelt oder ob ihm als übertrieben korrekter Schuldirektor in »Clockwise« sein Leben zur Freude der Zuschauer durcheinandergewürfelt wird – das typisch englische Motto lautet: Humor ist, wenn man trotzdem lacht.

Das Wunderbare an diesen Klischees von den sich jeder Herausforderung stellenden, exzentrischen Engländern ist: sie stimmen.

Der englische Alltag ist geprägt von einem freundlich-fröhlichen Individualismus und einer Leichtigkeit des Seins, die man in Deutschland, vom Rheinland einmal abgesehen, so nicht kennt.

Nehmen wir zum Beispiel die Liebe des Engländers zur Bühne. Dabei geht es nur bedingt darum, regelmäßig als Zuschauer ins Theater zu gehen. Nein, *auf* die Bühne zieht es ihn. Hier ist nicht etwa die Rede von den in Deutschland weitverbreiteten schrecklich tiefsinnigen Theaterstücken, die mit pathetischer Stimme vorgetragen werden, das Publikum an den Rand einer Massendepression bringt und bei denen man nicht lächelt, weil das Leben doch so ernst ist. Ganz im Gegenteil: Nirgendwo sonst auf der Welt gibt es so viele Laientheatergruppen wie auf der Insel und Theaterstücke, die im Leben, das hart genug ist, fröhliche Abwechslung bieten. Ob Brighton, Salisbury, Taunton oder Exeter: in praktisch jedem größeren, aber auch so manch kleinem Ort sollten Sie die Augen aufhalten nach den Plakaten, die die nächste Aufführung ankündigen, denn hier haben Sie die Gelegenheit zu amüsanten Charakter- und Mentalitätsstudien.

Da ist zum Beispiel die MATA in Minehead, die *Minehead Amateur Theatre Association*, die es sich zur Aufgabe gemacht hat, das alte, mottenzerfressene *Regal Theatre* regelmäßig zu bespielen. Vielleicht kommt ja irgendwann mal so viel Geld in die Theaterkasse, daß das Dach neu gedeckt werden kann und die Zuschauer in den hinteren Rängen nicht mehr unterm Regenschirm sitzen müssen. Weitere Unterstützung kommt von den *Friends of the Regal*, die jedes Jahr voller Stolz auf das Theater einen Beitrag von mindestens fünf Pfund beisteuern, und dafür auch noch das Programm zugeschickt und eine Ermäßigung auf die Tickets bekommen.

Auch bei der *Somerset Opera* handelt es sich um einen Verein von Amateuren, die im Alltag Metzger, Lehrer, Verkäuferin oder Krankenschwester sind, aber zweimal im Jahr eine Opern- oder Operettenaufführung im *Regal Theatre* auf die Bühne bringen. Beliebt sind vor allem Stücke von Gilbert & Sullivan, dieser äußerst erfolgreichen Allianz von Bühnenautor (W. S. Gilbert, 1836–1911) und Komponist (Arthur Sullivan, 1842–1900). Die beiden konnten sich zwar nicht leiden, schrieben nichtsdestotrotz aber zahllose Kassenschlager. »The Mikado« ist so ein Stück, »HMS Pinafore« ein anderes. Vor ein paar Jahren nahm sich die *Somerset Opera* eines anderen Gilbert & Sullivan-Werkes an: »The Pirates of Penzance«, das am 31. Dezember 1879 in New York Weltpremiere gefeiert hatte. Bei seiner Ankunft in New York mußte Sullivan feststellen, daß er die Noten für den ersten Akt zu Hause gelassen hatte. Er setzte sich hin und schrieb alles noch einmal, so gut es ging, aus der Erinnerung: Um fünf Uhr morgens am Tag der Uraufführung war er fertig. Den ganzen Morgen verbrachte er mit Proben, ging um Viertel vor zwei ins Bett, konnte aber nicht schlafen. Bevor er seine Position als Dirigent im Orchestergraben einnahm, aß er ein Dutzend Austern und trank Champagner. In seinem Tagebuch schrieb er anschließend: »Positive Reaktionen. Aufführung lief wunderbar. Riesiger Erfolg.«

Ein Riesenerfolg war auch die Aufführung im *Regal Theatre*. Statt Austern und Champagner gab es in der roten Plüschbar zwar nur Getränke in Plastikbechern und dazu nach Malzessig und Salz schmeckende Chips (*salt and vinegar crisps*), doch der Laune des Publikums tat das keinen Abbruch. Genauso wenig wie es irgend jemanden störte, daß man Zeuge einer Laiendarbietung war. Warum auch, trafen die Stimmen doch (fast) jeden Ton, waren Bühnenbild und Kostüme zwar handgestrickt, doch dafür um so liebevoller gemacht. Der Chor der Piraten war genauso beeindruckend wie der der Polizisten. Und wenn der Sergeant das schreckliche Los der Polizisten mit »a policeman's lot is not a happy one« beweint und der Polizistenchor in den höchsten Tönen »Tarantara« schmettert, dann singt und swingt das Publikum begeistert mit.

Der absolute Höhepunkt jedes Laientheaters ist jedoch die Pantomime, die jedes Jahr zur Weihnachtszeit auf improvisierten Theaterbrettern in Pubs und Bürgerhäusern wie natürlich auch in etablierten Theatern mit viel Klamauk über die Bühne gehen. Wer bei Pantomime an sprachlose Schauspielkunst denkt, bei der Geschichten nur mit Mimik und garantiert ohne Worte erzählt werden, könnte von der Wahrheit einer Pantomime nicht weiter entfernt sein. Sprachlos ist hier höchstens der Zuschauer, weil er vor Lachen nicht mehr kann. Grundlage einer Pantomime ist ein bekanntes Märchen wie Dornröschen, Aladins Wunderlampe oder die englischen Kinderbuchklassiker »Jack on the Beanstalk«, »Alice im Wunderland« und »The Waterbabies«. Das Skelett der Vorlage bleibt auch erkennbar, nur das Drumherum der Geschichte wird nach Belieben und allen Regeln der Kunst ausgemalt und verschönert, wobei Charaktereigenschaften und Körperfülle der Darsteller liebenswert bösartig überzeichnet werden. Wesentlich ist: Die männliche Hauptrolle wird von einer Frau gespielt, während ein Mann in die voluminösen Kostüme der Hauptdarstellerin gezwängt wird. Das Publikum – in allen Altersklassen vertreten – ist heftig involviert, warnt den guten Prinzen vor der sich anschleichenden Hexe mit einem skandierten »Hinter dir!« und argumentiert mit der Königin, ob die Prinzessin das pinkfarbene Kleid anziehen wird. »Sie wird!« behauptet die Königin, »Wird sie nicht!« verneint das Publikum lautstark.

Witze, die Ortskenntnis voraussetzen (»… ihr Parfum riecht wie Ebbe in Doniford …«) amüsieren die Erwachsenen, während Kinder eifrig damit beschäftigt sind, einen am Rande der Bühne plazierten Schatz, bestehend aus einer Tüte mit Bratwürstchen oder einem Luftballon, der rein gar nichts mit der Handlung des Stückes zu tun hat, vor bösen Dieben zu schützen.

Ballettmädchen im Alter von 7 bis 77 hüpfen mehr oder weniger graziös über die Bühne, die Damen-Kombo (alle um die 70) spielt munter auf, und wenn am Ende natürlich alles gut ausgeht, kann man getrost sagen: »Alle amüsierten sich köstlich.«

Noch ein Wort zum Thema *Comic Relief*: Unter diesem Motto findet seit mehreren Jahren eine Art Wohltätigkeitsveranstaltung statt, die das ganze Inselvolk mit einbezieht. An einem zum *Red Nose Day* deklarierten Tag tragen alle Engländer rote Plastiknasen und spenden dafür auch noch Geld. 1988 fand der erste Rote-Nasen-Tag statt – schon im ersten Jahr kamen 15 Millionen Pfund in die Kassen der Wohltätigkeitsorganisation *Comic Relief UK*. Seitdem haben sechs weitere *Red Nose Days* stattgefunden, und der gespendete Betrag ist auf 220 Millionen Pfund angewachsen. Mit dem Geld werden in Afrika Menschen über Aids aufgeklärt. In England kommt das Geld Behinderten, alten Menschen und Frauen, die unter häuslicher Gewalt leiden, zugute.

Speziell für *Comic Relief* schreiben Autoren kleine Büchlein, die zum Preis von zweieinhalb Pfund verkauft werden. Der Reinerlös kommt der Wohltätigkeitsorganisation zugute. Im Jahr 2001 steuerte auch Helen Fielding, Autorin der Bridget-Jones-Romane (unter dem Titel »Schokolade zum Frühstück« in den deutschen Kinos zu sehen gewesen) einen Lebensberater namens »Bridget Jones' Guide to Life« bei.

Harry-Potter-Fans konnten sich besonders freuen: Nach reiflicher Überlegung des Schulleiters Albus Dumbledore wurden *muggles* (Menschen, in deren Adern kein Zauberblut fließt) zwei Schulbücher zur Verfügung gestellt, die zur Pflichtlektüre auf Hogwarts gehören: »Fantastic Beasts & Where to Find Them« und »Quidditch Through the Ages«.

Die Liebe der Engländer zum Feiern zeigt sich auch bei ihren Dorffesten. Egal, wie schlimm die wirtschaftliche Lage ist: Im Sommer wird gefeiert. Je ausgelassener, desto besser.

Kaum ein Dorf, in dem nicht ein Entenrennen Teil der

sommerlichen Dorffeier ist, vorausgesetzt natürlich, in dem Ort gibt es ein fließendes Gewässer. Hoch her geht es zum Beispiel in Luxborough und Exford, beide im Exmoor gelegen.

Zum Einsatz kommen Hunderte von gelben, roten und blauen Quitscheentchen, die sonst bei Babys in der Badewanne dümpeln und sich nur in den seltensten Fällen der Herausforderung von Stromschnellen stellen müssen. Jedes Entchen bekommt eine Nummer. Jeder Teilnehmer des Entenrennens kann sich diverse Nummern kaufen oder, je nach Spielregel, auf Platz oder Sieg setzen, wie bei einem Pferderennen. Die Enten werden stromaufwärts ins Wasser geworfen und schwimmen, von ihren Besitzern durch lautstarkes Rufen angetrieben, dem Ziel entgegen. Dem Gewinner winkt als erster Preis eine Flasche Whisky oder ein Essen im Pub.

In Watchet werden im Hafenbecken Schlammschlachten ausgetragen – natürlich bei Ebbe. Beim *Tug o' war* stehen sich zwei Mannschaften zunächst knöcheltief im Hafenmatsch gegenüber, nur durch ein Seil verbunden. Proportional zum beidseitigen kräftigen Ziehen steigt die Verschlammung der Teilnehmer, bis am Ende nur noch die engsten Familienmitglieder ihre Verwandten unter der Schlammschicht erkennen, die, ganz egal wie das Wetter ist, mit kaltem Wasser aus dem Löschschlauch der Feuerwehr abgespritzt wird.

Ähnlich ist das Schicksal derjenigen, die sich als Zielscheibe beim Tortewerfen zur Verfügung stellen. Da geht es bei der obligatorischen »Hundeschau« friedlicher zu. Prämiert wird hier nicht der nach Züchterregeln überzeugendste Rassehund, sondern schlicht und ergreifend der Schönste, auch wenn es ein Mischling ist, bei dem man die diversen Zutaten nicht mehr so ganz identifizieren kann. Dann gibt es noch einen Preis für den außergewöhnlichen Hund, der ein am anderen Ende des Parcours positioniertes Würstchen nicht auffrißt, sondern Herrchen oder Frauchen bringt. Und damit diejenigen, die weder schön noch schnell sind, auch eine Chance auf einen Preis haben, wird auch noch der beste *tail wagger* prämiert, also der Hund, der am schnellsten und freundlichsten mit der Rute wedeln kann. An einem Stand wird selbstgemachte Marmelade verkauft, am anderen Ende des Dorfplatzes bietet der örtliche Restaurantbesitzer Rundfahrten auf seiner Harley an. Unermüdlich dreht er seine Runden. Alles natürlich für einen guten Zweck.

Bevor der falsche Eindruck entsteht, das Leben der Südengländer sei eine einzige Party, schwenken wir den Blick auf den Alltag, der vor allem im ländlichen Raum häufig von einem Mangel an Arbeitsplätzen geprägt ist. Nur rund 80 Prozent der Bevölkerung des Südwestens hatten im Sommer 2001 einen Job, im Südosten waren es immerhin fast 84 Prozent.

Die Landwirtschaft, die vor allem den Südwesten dominiert, hat schon seit Jahren einen harten Stand. Die Höfe sind zu klein, um ohne EU-Subventionen auf dem internationalen Markt eine Chance zu haben. BSE, umgangssprachlich *Mad Cow Disease* genannt, teilte den ersten Schlag aus. Doch dann kam mit der Maul- und Klauenseuche der Supergau. Selbst nicht infizierte Herden von Rindern und Schafen mußten vernichtet werden, viele Farmer standen vor dem Aus. Auch psychisch war das Keulen nur schwer zu verkraften. Mir wurde von einem Farmer erzählt, der morgens um sieben Uhr unter Tränen seinen besten Freund anrief. Wie immer hatte er sich am frühen Morgen auf den Weg gemacht, um seine Tiere zu füttern, als ihm auf halber Strecke eingefallen war, daß die Herde dem Schlagbolzen zum Opfer gefallen war und nicht ein Tier mehr lebte. Manch ein Farmer wußte keinen anderen Ausweg, als Selbstmord zu begehen. Selbst diejenigen, die nicht direkt betroffen waren, litten unter den Absperrungen ganzer Regionen. Die Touristen blieben aus, die sonst ihre Ferien auf dem Bauernhof verbrachten oder auf Wanderungen im Tea Room Erfrischung suchten.

Wer da nicht untergehen will, muß sich etwas ausdenken, und so kommt es, daß sich viele Farmer inzwischen auf Abwege begeben haben, die ihnen das Überleben sichern und die eigene Farm erhalten sollen. Wie schwierig das ist, demonstriert eine Feststellung des Journalisten Godfrey Smith fest: Einem Mann, der in England möglichst schnell sein Geld loswerden will, stehen drei Möglichkeiten offen – Spielen ist mit Abstand die schnellste Variante, Frauen die zweite und angenehmste. Aber die sicherste Option auf rapiden Geldverlust ist und bleibt die Landwirtschaft.

Nehmen wir zum Beispiel Tony, der so aussieht wie die Seniorenversion des fröhlichen Kindes auf der Brandt-Zwieback-Tüte. Er ist im Streß, seine grauweißen Haare stehen auf Sturm. »Versteh mal einer die Kunden – die ganze Woche interessiert sich kein Mensch für Eier, und heute gehn sie weg wie warme Semmeln«, brummelt Tony im sanften Somersetakzent, der an eine zufrieden schnurrende Katze erinnert, und verdreht in gespielter Verzweiflung die Augen. Eigentlich möchte er sich mit seinen 72 Jahren zur Ruhe setzen – behauptet er jedenfalls. Aber seine 19 Jahre jüngere Partnerin Alison hält ihn auf Trab. Sein Grinsen könnte nicht breiter sein.

Vor zehn Jahren hat er schon einmal einen Versuch gestartet, in den Ruhestand zu gehen, und seinen Hof im Exmoor seinen beiden jüngsten Söhnen übergeben. Um ihnen den Start zu erleichtern, lieh er ihnen auch noch sein aus den guten Jahren der Landwirtschaft stammendes Vermögen, das eigentlich sein Ruhestandpolster werden sollte. Doch glaubt er nicht, daß er sein Geld je zurückbekommt: »Mit der Landwirtschaft ist es vorbei«, zuckt er bedauernd und leicht resigniert die Schultern. »Meine Jungs stehen jeden Tag um halb vier auf, um sich um die 200 Milchkühe zu kümmern. Sie schuften bis zum Umfallen und machen trotzdem täglich 100 Pfund Verlust.«

So billig, wie die Supermärkte die Milch verkaufen, könnten sie nicht produzieren. Überhaupt die Supermärkte: Kein Mensch wüßte, woher die Produkte kommen, und das, was dort als Fleisch angeboten werde ... Tony schüttelt sich.

Home Farm in Blue Anchor bei Dunster gehört zum *Crown Estate* der Queen. Tony hat es gepachtet, um noch ein wenig herumzuwirtschaften. Er hatte sich den Betrieb als ruhiges Rentnerdasein vorgestellt. Aber das mit der Ruhe will nichts werden. Schuld hat unter anderem sein unter Einheimischen und den Touristen des benachbarten Campingplatzes beliebter Ab-Hof-Verkauf, der nicht nur frisches Gemüse der Saison und Eier von glücklichen Hühnern bietet, sondern auch Käse- und Fischprodukte benachbarter Bauern. In seinen Regalen findet man Fleisch von Tieren, die auf dem kleinen Hof unter besten Bedingungen aufgewachsen und vom eigenen Metzger geschlachtet worden sind.

Tonys Alison betreibt gleichzeitig einen Tea Room, der die Farm subventioniert. An guten Tagen kommen schon einmal bis zu 400 Pfund in die Kasse. Dann sind da noch die Bauernmärkte in Minehead und Taunton, die einmal im Monat stattfinden. Vor allem die Kunden in Taunton reißen Alison ihre selbstgebackenen Kuchen aus den Händen. Bis zu 250 Pfund könnte sie pro Markttag allein damit verdienen, erzählt Tony stolz.

Unsere Unterhaltung findet unter schwierigen Bedingungen statt: Kunden erkundigen sich nach Produkten, das Mädchen an der Kasse hat die neuen Preise nicht im Kopf, Hund Betsy fühlt sich vernachlässigt und will gekrault werden, und dann sind auch noch die Eier alle. Tony rauft sich die Haare, dreht sich mehrfach um sich selbst und läuft dann davon, die schwanzwedelnde Betsy dicht auf den Fersen, um Antworten auf alle Fragen und noch ein paar frische Eier zu finden. Vor dem Shop i-aht ein Esel, Lämmer blöken, die Gänse halten lautstark eine Großdemonstration ab, und der Hahn kräht seine glücklichen Hennen zusammen. Landleben, wie es im Bilderbuch steht, das von den Nöten der Bauern nichts ahnen läßt.

Diversification (Kombination außerlandwirtschaftlicher und landwirtschaftsnaher Einkommensmöglichkeiten, nennt sich das in der deutschen Amtssprache) sollte, so die Maxime des Landwirtschaftsministeriums in London, der Rettungsanker für das sinkende Schiff Landwirtschaft sein. Durch zusätzliche, berufsbezogene Ausbildung sollen Farmer bessere Chancen bekommen, durch Ausweitung ihres Tätigkeitsfeldes eine Möglichkeit finden, ihre Farm zu erhalten.

Auch Alan und Sue Gooding suchten verzweifelt nach einem Weg, ihre dem Untergang geweihte Farm zu retten. Die meisten Kollegen entschieden sich für die naheliegendste Lösung, Ferien auf dem Bauernhof zu bieten oder – wie Tony und Alison – Tea Rooms und Ab-Hof-Verkäufe aufzumachen.

Alan schwebte jedoch etwas anderes vor. Ranscombe Farm war bereits seit über 400 Jahren im Familienbesitz der Goodings. Landwirtschaft am Rande des Exmoors zu betreiben war noch nie einfach gewesen. Doch nun war die Lage ernst, sehr ernst. Alan und Susan hatten beide mehrere Jobs, um wenigstens etwas Geld in die Kasse zu bringen. Susan leitete die Bibliothek in Porlock, und Alan managte von Juli bis Januar die drei Viehmärkte im Exmoor, Cutcombe, Blackmore Gate und South Molton. Mitten in der Nacht stand er auf, fuhr kilometerweit über sich endlos windende Landstraßen übers Exmoor, trotzte Nebel, Regen, Eis und Schnee, um rechtzeitig den Markt für die Bauern und ihr Vieh zu öffnen. Er kümmerte sich um alles, von Personalfragen bis hin zum eigenhändigen Säubern des Marktgeländes für den nächsten Markttag. Ein Knochenjob. »Nebenbei« versorgte er noch die eigene Farm, doch hatte diese mit nur 21 Hektar Land keine Überlebenschancen. Täglich verloren die Goodings mehr Geld.

Nach 18 Jahren Überlebenskampf schien das Ende der Farm unabwendbar. Alles mögliche hatte sich Alan durch den Kopf gehen lassen, von der Kaninchen- bis zur Schneckenfarm. Selbst eine Go-Cart-Bahn hatte er in Erwägung gezogen – und wieder verworfen.

Im August 1997 schließlich schien der Verkauf die einzige Rettung.

Jetzt war eh alles egal. Also packten Alan und Sue die Koffer und fuhren erst einmal nach Swanage an der Küste von Dorset in Urlaub. Mit wachsendem Interesse sah sich Alan dort die Restaurants an, die täglich bis auf den letzten Platz besetzt waren. Besonders beeindruckt war er vom ständigen Klingeln der Kasse. Langsam, aber sicher reifte in ihm die Überzeugung: »Was die können, können wir schon lange. Und besser.«

Die Tatsache, daß weder er noch seine Frau restaurantgerecht kochen konnten, brachte ihn nicht für den Bruchteil einer Sekunde von dem einmal gewählten Weg ab. Zunächst mußte Alans Mutter ihre Wohnung räumen und das Farmhaus umgebaut werden – aber vor die erste Mahlzeit hatten etliche Ämter die Bürokratie gesetzt. Die Umwandlung des Betriebes mußte beantragt, Baugenehmigungen erteilt werden. Die Behörde des Exmoor National Parks, in dem Ranscombe Farm liegt, lehnte erst einmal ab. Die Anfahrt sei zu steil, die Straße zu eng und die Einfahrt in einer Kurve, und überhaupt, es gäbe viel zuviel Verkehr. Aber im Januar 1998 war es soweit: die nötigen Genehmigungen lagen vor, nun konnten EU-Subventionen und Fördermittel des britischen Landwirtschaftsministeriums angefragt werden. Im Dezember begannen schließlich die Umbauarbeiten, und im Mai 1999 knallten in Wootton Courtney die Sektkorken anläßlich der feierlichen Eröffnung von Ranscombe Farm Restaurant. Ein Jahr später wurde Alan von der örtlichen Presse als »Geschäftsmann des Jahres« ausgezeichnet.

Auf seinem Hof tummeln sich immer noch 60 Schafe, drei Kühe und ein vietnamesisches Hängebauchschwein sowie jede Menge Federvieh, das Alan zur Freude der Restaurantbesucher und ihrer Kinder noch hält. Ansonsten ist er mit Leib und Seele Restaurantbetreiber. In schicker Weste agiert er souverän als Barmann, nimmt Bestellungen auf und berät in Weinfragen. Als hätte er noch nie in seinem Leben etwas anderes gemacht.

Ach ja, das Problem mit dem Kochen ist auch bestens gelöst: Chefkoch Keith Arnold agiert in einer Profiküche, die so manchem Hotel gut zu Gesicht stehen würde. Auf der Speisekarte stehen landestypische Gerichte wie *Exmoor Venison Pie*, Ragout von Rotwild aus dem Nationalpark. Die frische Zubereitung und die hohe Qualität zahlen sich aus: das Restaurant ist jeden Abend proppevoll, und Alan hört überhaupt nicht mehr auf zu strahlen.

Ein weiteres Beispiel für gelungene *diversificatio*n ist die Coate Farm im Sedgemoor, die auf eine wechselvolle Geschichte zurückblickt. Nicht weit von der Gegend, in der 1685 die blutige Schlacht zwischen den Anhängern des Thronanwärters James Scott, Duke of Monmouth, und den Regierungstruppen tobte, findet sich heute ein *Willow and Wetlands Visitor Centre:* Ein kleines Museum informiert über den Anbau von Weide im Sedgemoor, eine der ältesten Wirtschaftszweige in Somerset, und die besondere Landschaftsform des Moors im Dunstkreis von Glastonbury, das auch *The Levels of Somerset* genannt wird und möglicherweise das mystische Avalon des König Artus ist. Besucher können sich über den Einsatz von Weide im Haushalt vergangener Jahrhunderte informieren, Korbmachern bei der Arbeit zuschauen und deren hochwertige Produkte käuflich erwerben. Natürlich darf ein Tea Room nicht fehlen.

Angefangen hatte die Farm mit der Produktion von Heu für die Grubenponys im nahegelegenen Wales. Aber irgendwann wurden die Gruben geschlossen und die Ponys in den wohlverdienten Ruhestand geschickt. Die Besitzer von Coate Farm mußten sich eine neue Erwerbsquelle suchen. Zunächst machte man, was fast alle Farmer in der Gegend taten: man baute Weide an und verkaufte das Rohmaterial an Korbmacher. Doch die wahre Lösung war das nicht. Schließlich kam Farmer Coate in den 30er Jahren auf die Idee, selber in die Korbproduktion einzusteigen. Er kaufte einen Workshop, der sich hauptsächlich damit beschäftigte, Körbe für den Transport von Brieftauben herzustellen. Da auch dieser Markt nicht unersättlich war, begann man, Körbe für den Alltagsgebrauch zu flechten. Eine Zeitlang ging alles gut, doch als Plastik zum Inbegriff des Fortschritts wurde, ging es mit der Nachfrage nach Korbwaren rapide bergab. Billige Importe aus Asien und Osteuropa trugen zum Niedergang bei. Es sah schlecht aus für das Überleben von Coate Farm.

Eines Tages, niedergestreckt von einem Rückenleiden, lag Percy Coate vor seinem Kamin und starrte in die Flammen. Plötzlich fiel sein Blick auf ein Stückchen verkohlte Weide, und eine Idee begann in ihm zu reifen. Es brauchte einige Versuchsreihen, aber dann hielt er in den Händen, was seine Farm buchstäblich wie Phönix aus der Asche steigen lassen sollte: Zeichenkohle. Das war vor 25 Jahren.

Um Zeichenkohle zu gewinnen, werden die rund zwei Meter langen präparierten Weidenruten mit der Bandsäge in die erforderliche Länge zerlegt und dann der Stärke nach sortiert. Die einzelnen Stücke werden ganz dicht in eiserne Feuerboxen gepreßt. Bis die Weidenruten verkohlt sind, dauert es drei Tage. Sobald sie abgekühlt sind, werden sie von Mitarbeitern der Coate Farm abgezählt und verpackt. Kaum eine Schule in England, die nicht Coates Zeichenkohle im Kunstunterricht verwendet.

Heute geht ein Drittel des Weidenanbaus in die Produktion von Zeichenkohle, die in dreizehn Länder exportiert wird. Nicht auszuschließen, daß Sie auch schon ein Stück Zeichenkohle aus dem Sedgemoor in der Hand gehalten haben: Die deutsche Firma Pelikan bezieht ihre Zeichenkohle exklusiv von Coate Farm.

Zeichenkohle ist nicht nur eine der tragenden Säulen, die das Überleben von Coate Farm sichert, sondern inzwischen sogar das Kerngeschäft. Aber auch mit dem traditionellen Betrieb rund um die Weide geht es bergauf, da Weidenprodukte wieder in Mode sind. Das gilt nicht nur für Körbe. Führende Haus- und Gartenzeitschriften haben dafür gesorgt, daß Gartenaccessoires wie Weidenmöbel und Trennwände in keinem Haushalt fehlen dürfen, der am Puls der Zeit lebt. Auch der Tourismus ist eine wichtige Einnahmequelle: das Informationszentrum zieht Einheimische wie Touristen an, die selten nach Hause fahren, ohne einen Korb gekauft und einen *cream tea* getrunken zu haben.

Entscheidend sind offensichtlich die richtigen Ideen. Das dachte sich auch der Schaffarmer David Styles, der schon in den 80er Jahren für den traditionellen Betrieb seiner Farm keine Zukunft mehr sah. Irgendwann fiel ihm auf, daß viele Menschen keine Kuhmilch vertragen. Damit war auch das normale Speiseeis für sie tabu. Derek, der von seiner Farm aus auf die Küste des Bristol Channels blickt, wo sich im Sommer Tausende Urlauber an den Stränden von Minehead, Dunster Beach und Blue Anchor tummeln, dachte nach: Warum sollte man nicht versuchen, aus Schafsmilch Eis herzustellen?

1988 begannen Sue und David Styles mit der Umsetzung

ihrer Idee. Inzwischen beschäftigen sie im Sommer 40 Mitarbeiter, die auf der Farm Eis herstellen und es im Umkreis der Brendon Hills in Somerset, am Rande des Exmoor Nationalparks, an den schleckenden Endverbraucher bringen. Die Haupteinnahmen stammen aus diesem direkten Verkauf, aber bereits zehn Prozent der auf der Farm produzierten Eiscreme wird per Post *mail order* in ganz England genossen. Styles Ice cream ist auf sämtlichen *agricultural shows* zwischen Barnstaple und Portsmouth vertreten, bringt den Besuchern der Henleys Regatta Abkühlung und wird sogar von den Parlamentariern in London geleckt.

Angefangen hatten Sue und David Styles mit einem Dreirad im Stil der 1930er Jahre, das an den Stränden patrouillierte und das Eis direkt an den Mann, die Frau und das Kind brachte. Im nächsten Jahr waren es dann schon zwei Dreiräder, schließlich sechs. Dazu kamen erst alte, dann neue motorisierte Eiswagen.

Von außen sieht die Farm zwar noch immer aus wie eh und je. Wer auf der abgelegenen Landstraße in den Brendon Hills bei Rodhuish das alte Farmhaus passiert, wird nicht einmal ahnen, daß sich hinter der umgebauten Scheune die Produktionsstätte von jährlich 3 Millionen Litern Eiscreme verbirgt. Die Landschaft ist idyllisch. Rechts und links des Weges grasen Schafe, die Lieferanten der Milch, die später als Eiscreme Touristen verzückt.

Bereits im Mittelalter wurden in Großbritannien Schafe als Milchlieferanten gehalten, da sie auch unter rauhen Bedingungen überlebten. Die Milch hat einen reichhaltigen, aber nicht strengen Geschmack, vergleichbar mit dem Geschmack von süßer Sahne. Sie wird auf natürlichem Wege homogenisiert, ist gut verdaulich und reich an Nährstoffen. Pro Tag gibt ein Schaf ungefähr drei Liter Milch.

Auch David Jessup hat sich als Überlebenskünstler erwiesen, der aus der Not eine Tugend gemacht hat, als seine Existenz auf dem Spiel stand. Der Mann ist inzwischen fast ein Opfer seines Erfolgs – obwohl er noch nie aktiv für seine Produkte geworben hat, wird er der Nachfrage kaum Herr.

In einem früheren Leben war David einmal Controller in einer Schuhfabrik in Minehead. Als diese 1983 geschlossen wurde, stand er vor der Frage: Mit der Familie aus den Brendon Hills wegziehen, irgendwohin, wo er möglicherweise einen Job bekommen konnte? Oder in den Hügeln mit Blick über liebliche Täler, marmoriert im roten Erdton des West Country, bis zum Bristol Channel und sogar, an guten Tagen, bis Südwales, verharren und auf bessere Zeiten hoffen? David und seine Frau beschlossen, nicht wegzugehen, um ihre Kinder auf dem Lande groß werden zu lassen. Sie überlegten, welche Fähigkeiten sie beide hatten, mit denen sie eigenständig ihren Lebensunterhalt verdienen konnten. Denn Arbeitsplätze sind im West Country auf dem Land rar. Ann Jessup war eine Meisterin im Einkochen von Marmelade und Chutneys, David ein begeisterter Hobbymaler. So legten sie los.

Inzwischen hat David wegen eines Rückenleidens seiner Frau die Produktion der Marmeladen und Chutneys fast ganz alleine übernommen. Hund und Katze liegen mitten im Trubel in der kleinen Cottage-Küche, während David Obst und Gemüse aus der Umgebung verarbeitet. Pro Jahr füllt er 35 000 Gläser à 227 Gramm und versieht jedes einzelne mit einem Label, das er selbst gezeichnet hat. Buntgeblümte Stoffdeckel, von einem Gummi gehalten, geben *Marmalade, Strawberry Jam, Apple and Cider Chutney* den richtigen *homemade touch.* Im ersten Jahr haben David und seine Frau die Stoffabdeckungen noch selber zugeschnitten. Inzwischen läßt David die tellerförmigen Deckelchen ausstanzen – mit einem Gerät, das sonst in einer Schuhfabrik zum Einsatz kommt.

In den Souvenirshops der Umgebung finden die Gläser mit dem Eingemachten und Eingekochten von *Brendon Hill Crafts* reißenden Absatz. Gäste von Hotels, Restaurants und Pensionen (*bed & breakfast*) nehmen sich ein Glas der zum Frühstück genossenen Marmelade zur Erinnerung mit nach Hause. Doch auch die Einheimischen kommen dank der Bauernmärkte, auf denen auch David seine Produkte anbietet, langsam auf den Geschmack. Inzwischen sind sie auch über die Landesgrenze des Exmoors bekannt. So ging David eine Kooperation mit den Betreibern der *Lost Gardens of Heligan* ein: Die im dortigen Souvenirshop als *Lost Gardens of Heligan*-Marmelade oder Chutney verkauften Produkte entstammen alle Davids Küche. Seine Verbundenheit mit den aus dem fast hundertjährigen Dornröschenschlaf geweckten Gärten in Cornwall zeigt sich auch in einer Serie von Aquarellen der diversen Gartenräume, die David gemalt hat und die man als Postkarten und Poster im West Country erwerben kann.

Die Jessups wollten nicht weg aus den Brendon Hills – ein anderer Mann, der inzwischen gar nicht weit weg von ihnen lebt, hat alles getan, um endlich aus London herauszukommen und hier leben zu dürfen. Mike Podbury hat den Ausstieg geschafft: Seit Jahren schon suchte er eine Möglichkeit, am Rande des Exmoors seinen Lebensunterhalt zu verdienen. 1975 kam er erstmals nach Bardon, versuchte sich im Holzschnitzen und im Handel mit Antiquitäten. Aber die Geschäfte liefen zäh, so mußte er immer wieder zurück nach London in seinen alten Beruf: Mike ist ein *cabby*, ein typischer Londoner Taxifahrer. Nun, typisch in der Hinsicht, daß er den berühmt-berüchtigten Taxifahrer-Test in London bestanden hat und ein schwarzes Taxi fahren darf.

Ansonsten dürfte es nur wenige Londoner Taxifahrer geben, die es Mike gleichtun. Immer wieder machte er Zusatzausbildungen im landwirtschaftlichen Bereich und vor drei Jahren war es soweit: Er eröffnete eine Gärtnerei, die sich auf die Zucht von frischen Kräutern spezialisiert hat. An Mikes Seite arbeitet eine Frau, Sylvie, deren Lebensweg ebenso ungewöhnlich ist. Die Französin lebte längere Zeit in London, wo sie in ihrem Beruf als Lehrerin einen Job suchte. Es verschlug sie und ihren Ehemann dann aber nach Somerset. Eines Abends kam sie im Notley Arms, dem Pub des malerischen Örtchens Monksilver, ins Gespräch mit Mike, der ihr von seinem Unterfangen erzählte. Und da sie gerade nichts Besseres zu tun hatte und sich als Französin für den Umgang mit Kräutern prädestiniert fühlte, fing sie kurzerhand an, mit Mike die *Bardon Nursery* aufzubauen. Das Geschäft läuft inzwischen prima. Auch Mike hat seinen Erfolg den Bauernmärkten zu verdanken. Sowie natürlich Sylvie, die den zweifelnden Hausfrauen auf den Märkten genau erklären kann, bei welchen Gerichten man welche frischen Kräuter einsetzen sollte.

Hier hilft auch, ohne es zu wissen, Jamie Oliver, der junge Fernsehkoch, von dem bereits die Rede war: Keine Sendung vergeht, in der er nicht die Vorzüge frischer Kräuter beim Kochen anpreist und seinen Zuschauern rät, sich, wenn sie schon keinen Garten haben, wenigstens einen Blumenkasten auf die Fensterbank zu setzen, in dem sie mindestens Schnittlauch, Petersilie, Basilikum und vielleicht auch noch etwas Thymian, Oregano, Koriander und Rosmarin anpflanzen sollten. Die Kräuterpflanzen dazu gibt es in der Bardon Nursery – das sagt Jamie Oliver natürlich nicht, aber die Einwohner von West Somerset haben das bereits selbst herausgefunden.

Der Pub *The Notley Arms* spielt auch bei unserer nächsten Persönlichkeit eine Rolle. Hier begann nicht nur Sylvies neue Karriere, sondern auch das zweite oder vielleicht auch eher dritte Leben von Tom. Seinen Nachnamen nennt er nicht. Muß er auch nicht, denn jeder in der Gegend kennt ihn als »Tom the Lettuce«. Ursprünglich war Tom einmal Vieheinkäufer, doch im Lauf der Zeit mutierte er, wie so viele Engländer, zum *builder.* Unter diesem Begriff ist so ziemlich alles zusammengefaßt, das mit dem Bauen und Erhalt von Häusern zu tun hat.

Tom hatte, als er nach Watchet kam, etwas Land im Exmoor gekauft und Häuser darauf gebaut. Da *builder* im West Country extrem rar sind und er offensichtlich seine Arbeit gut machte, beauftragte ihn erst der eine Nachbar, dann der andere mit diversen Bauprojekten. Damit war der Wandel von der Land- zur Bauwirtschaft vollzogen. Jahrelang ging alles gut, doch dann holte Tom eine Verletzung wieder ein, die er sich als Neunjähriger zugezogen hatte: damals hatte er sich das Schienbein gebrochen, ein Unfall, den er fast vergessen hatte. 44 Jahre später sollte er aber wieder daran erinnert werden.

Fast anderthalb Jahre brauchten die Ärzte, um den Grund seiner Schmerzen in diesem Bein festzustellen, dann stand die Diagnose fest. Tom litt an einer seltenen

Form von Knochenkrebs. Wenn er Glück hatte, würde er noch drei Jahre zu leben haben. Die Alternative war Amputation. Die Wahl fiel Tom nicht schwer: Vor neun Jahren wurde ihm der Unterschenkel abgenommen.

Mit der Arbeit als Bauarbeiter war es vorbei, aber Nichtstun war nicht nach Toms Geschmack. Eines Tages drückte ihm jemand ein paar Samenkörner in die Hand, die sich als Salatpflanzen entpuppten. Und hier kommt noch einmal *The Notley Arms* ins Spiel: Tom hatte, da er und seine Familie nicht soviel Salat essen konnten, dem Wirt ein paar Salatköpfe mitgebracht. Dieser zeigte sich so begeistert, daß er Tom dazu ermutigte, regelmäßig Salat anzubauen und ihn mit dem frischen Grün zu versorgen.

Das war der Beginn einer sagenhaften Salatkarriere, die Tom auch seinen Beinamen »The Lettuce« (der Salatkopf) einbrachte. Jeden Freitag zwischen 4 und 8.30 Uhr morgens pflückt Tom seinen Salat und liefert ihn an diverse Pubs, Restaurants und Shops in der näheren Umgebung.

Der besondere Service besteht darin, daß der Salat bereits frisch gewaschen und gemischt in Plastikbeutel abgefüllt ist. Mindestens zehnmal soviel könnte Tom davon verkaufen. Zwischendurch demonstriert er gerne, wie er trotz Prothese die Pflanzarbeit am Boden verrichten kann: Um sich richtig hinknien zu können, dreht er seinen künstlichen Unterschenkel einfach nach hinten, so daß der Fuß nach oben schaut …

Bleibt noch von einem Mann zu berichten, den keine finanzielle Not oder Krankheit veranlaßt hat, für sich neue Wege zu finden, um das Überleben zu sichern. Bill Poirier ist schlicht und ergreifend ein Lebenskünstler, dem es gelungen ist, sich fast alle Träume zu erfüllen. Wie gesagt:

fast alle. Denn zwei Punkte hat er noch auf seiner Wunschliste. Erstens hätte er gerne eine Hütte im Wald, nicht einfach so, sondern um dort zu leben. Ohne Strom, ohne Heizung, ohne Telefon, ohne Abhängigkeiten. Allerdings, und hier kommt sein zweiter Wunsch, würde er diese fragwürdige Idylle gerne mit einer Frau teilen. Doch bis jetzt beschweren sich seine diversen Freundinnen schon in seinem aus festen Mauern gebauten Haus über Feuchtigkeit und Wärmemangel. Einen Fernseher anzuschaffen, lehnt er vehement ab.

In Anbetracht der Tatsache, daß es ihm nicht gelingt, eine Frau zum permanenten Verweilen in diesem direkt am Washford River gelegenen und eigentlich recht idyllischen Häuschen im Dunstkreis der Zivilisation zu überreden, wird er nach der richtigen Partnerin für den Lebensabend als Einsiedler wohl noch eine Weile suchen müssen. Es sollte zu denken geben, daß seine letzte Freundin ihr Heil bei einem Guru suchte.

Bills Kindheit begann in London. Während des Zweiten Weltkriegs wurde er wie viele andere Londoner Kinder aufs Land evakuiert. Ihn verschlug es für ein paar Jahre nach Cornwall, wo er bei einer Farmerfamilie das Landleben kennenlernte, bevor er wieder zurück in die Stadt kam. Seine Eltern fanden, daß eine Ausbildung zum Banker eine vielversprechende Nachkriegszukunft bot. Aber Bill hatte dazu keine rechte Lust, schwang sich aufs Fahrrad und fuhr einfach so nach Somerset, wo er einen Job auf einer Farm annahm.

Es folgten ein paar Jahre, in denen er sich in der Weltgeschichte herumtrieb, und dann die Einberufung zur Armee. 1956 fand sich Bill als Paratrooper mitten in der Suez-Krise wieder. Schließlich verschlug es ihn nach Dänemark, da dieses Land einen besonderen Ruf im *pig management* hatte und er sich während seiner Farmzeit auf Schweinezucht und -pflege spezialisiert hatte. Er heiratete eine Dänin und arbeitete auf verschiedenen Bauernhöfen. Schließlich zog es ihn aber wieder zurück auf Farmen im Westen Englands.

Doch mit 30 kam er zu dem Schluß, daß ihm die graduierliche Umwandlung der Bauernhöfe in Industriebetriebe nicht behagte. Von dieser Art Fortschritt, wie die damalige Agrarpolitik in jenen Jahren (und bis vor noch gar nicht so langer Zeit) diese Entwicklung verkaufen wollte, hielt er überhaupt nichts. Zuviel Chemie war nach Bills Meinung auf den Höfen im Einsatz, und die hatte in der Landwirtschaft nichts verloren.

Da er aber bereits sein Häuschen am Washford River hatte und außer einer Ehefrau auch noch drei Kinder ernähren mußte, brauchte er einen Job, der gutes Geld brachte. Kurz entschlossen heuerte er in Hinkley Point, dem bei Bridgwater gelegenen Atomkraftwerk, als *nuclear power station operator* an, was auch immer das ganz genau bedeutet. Dreißig Jahre versah er täglich seinen Schichtdienst.

Es dauerte gar nicht lange, bis ihm klar war, daß ihm diese Art Arbeit überhaupt nicht behagte. Den Job brauchte er aus besagten Gründen, aber wenigstens in seiner Freizeit wollte er künstlerisch tätig sein. Schließlich überredete er den Dorfschmied, ihm das Schmieden beizubringen – zusätzlich zur täglichen Arbeit verbrachte Bill nun vierzig Stunden in der Woche in der Schmiede.

Inzwischen ist Bill in Rente und seit einigen Jahren glücklich geschieden. Als Kunstschmied hat er sich längst einen Namen gemacht: Von Zäunen über Gartenstühle bis hin zu Kamingeschirr macht er alles, was das Herz seiner Kunden sogar in London begehrt. Die Produkte sind so eigenwillig wie Bill, starre Formen gibt es bei ihm kaum, denn Bewegung ist ihm sehr wichtig. Am liebsten schmiedet Bill jedoch Drachen.

Bill ist inzwischen Anfang 60. Zu seinem Glück fehlt jetzt nur noch, wie gesagt, eine Frau, mit der er alles dies teilen kann.

Der Dorfschmied, bei dem er seine Ausbildung machte, hat sich übrigens nach einigen Jahren aus dem Geschäft zurückgezogen – um Violinen zu bauen.

Biotop für Druiden und Gespenster

... als sie die Augen aufschlugen, war an dem wolkenverhangenen Himmel draußen kein Vorzeichen der merkwürdigen und geheimnisvollen Dinge zu erkennen, die bald überall im Land geschehen sollten.

J. K. Rowling,
Harry Potter und der Stein der Weisen

Nieselregen umhüllt das Schloß mit einem grauen Schleier. Die herbstliche Landschaft versinkt im farblosen Nichts. Krähen, aufgeschreckt, ziehen protestierend ihre Kreise um den Schloßturm. Die Dämmerung sinkt lautlos auf Dunster Castle.

Verloren steht ein kleines Grüpplein Menschen auf dem nassen Schloßhof. Anfängliches Gelächter und das rege Gespräch versickern langsam. Auch wenn es keiner zugeben will – ein wenig flau im Magen ist es den meisten. Schließlich sollen sie gleich die wahren Hausherren des mittelalterlichen Schlosses kennenlernen: die Gespenster, von denen manche Einheimische wie von guten, alten Bekannten sprechen.

Inzwischen ist es dunkel geworden. Die Taschenlampen der Geisterführer Jane und Alan erhellen das Gemäuer nur dürftig. Erster Stop ist der neben dem Museumsshop gelegene Stall. »Eines Abends«, erzählt Jane, »wollte die Geschäftsführerin den Shop schließen. Doch sie sah noch einen Besucher in den Stall gehen – ein Mann im grünen Mantel. Als sie ihm nachging, löste er sich plötzlich in Luft auf. Genau hier, wo wir stehen.« Die Gruppe rückt etwas näher zusammen. »Oft«, so fährt Jane flüsternd fort, »sind Gegenstände im Shop über Nacht umgeräumt. Und viele unserer Besucher befällt eine eigenartige Stimmung in diesem Teil des Stalls. Als ob hier einst ein Mord geschehen wäre …« Da erschüttert ein heftiger Knall den stockfinsteren Stall, und in der Gruppe ist sich keiner mehr so sicher, ob diese Geistertour wirklich eine gute Idee gewesen ist.

Dunster Castle thront bereits seit dem 11. Jahrhundert oberhalb des pittoresken Örtchen Dunster in Somerset und blickt Richtung Westen auf den mittelalterlichen *yarn market* auf der Hauptstraße und die buntgestrichenen Cottages des Bilderbuchdorfes, in denen man sich mit *cream tea* laben kann. Dahinter erheben sich die Höhen des Exmoors, während der Blick gen Norden über den Bristol Channel hinweg weit nach Südwales reicht.

Über 600 Jahre lang war es das Zuhause der Luttrell-Familie, die das burgähnliche Schloß erst vor wenigen Jahrzehnten dem *National Trust* übergab – Sir Walter Luttrell haben Sie bereits als den Hausherrn von Court House in Eastquantoxhead kennengelernt, der seine Gärten ab und an für einen guten Zweck der Öffentlichkeit zugänglich macht. Heute lebt nur noch der vom *National Trust* eingesetzte Schloßverwalter in den düsteren Gemäuern von Dunster Castle. Eines Abends, so berichtet Jane, hatte er in seinem Büro das Licht brennen lassen. Als er zurückgehen wollte, hörte er ein unheimliches Türenschlagen und unerklärliches Scheppern, das ihm Schauer den Rücken herunterrieseln ließ. Er drehte sich um und floh in seine

Wohnung, denn außer ihm hätte sich niemand mehr im Gebäude aufhalten sollen.

Während des Winterhalbjahres ist Dunster Castle wie alle im Besitz des *National Trust* befindlichen Häuser für Besucher nicht zugänglich, und die wenigen Mitarbeiter, die hier noch Dienst tun, haben normalerweise um 17 Uhr Feierabend. Seit jenem denkwürdigen Abend vermeidet es der Schloßverwalter, nach Einbruch der Dunkelheit in dem alten Gemäuer unterwegs zu sein.

Im Dunkeln geht's hinab in das Labyrinth der Keller- und Vorratsräume. Irgendwo im Hintergrund rasseln Ketten, daß einem der Atem stockt. Doch weiter geht's, über endlose, unbeleuchtete Wendeltreppen, während es überall rumort und knarrt. Auf Zehenspitzen schleicht die Gruppe durch die Dachräume, wo einst die Dienstboten lebten. Plötzlich läutet eine Glocke, die in den guten, alten Zeiten den Butler zum Dienst in den Gemächern des Schloßherrn rief. Schloßherr und Butler haben das Schloß längst verlassen, auch die Zimmer der Kammerzofen stehen leer. Aber die Glocke läutet noch immer, eine unsichtbare Hand zieht irgendwo in den zahlreichen Räumen des Schlosses beharrlich am Glockenstrang und gebietet Aufmerksamkeit …

Schaudernd stehen die Geisterjäger schließlich in einem Raum, der mit großen flämischen Wandbehängen ausgestattet ist. Die dunklen Augen der abgebildeten Männer blitzen im Schein der Taschenlampen. Nachts ertönen hier feste Schritte, Männer wechseln leise Worte. Dann ist wieder alles still. Der Lauscher ist Zeuge einer Wachablösung, denn während des Bürgerkrieges im 17. Jahrhundert waren in diesen Räumlichkeiten Soldaten stationiert.

Der Flur liegt zwischen zwei Zimmern, die zu der Privatwohnung des Schloßverwalters gehören. Wenigstens verbreiten die nächtlichen Besucher weder Angst noch Schrecken. Der Schloßverwalter hat sich längst an sie gewöhnt, und die Hausgäste vermuten nur in den seltensten Fällen, Gespenster beim Gespräch belauscht zu haben. Sie erkundigen sich morgens immer nur danach, ob jemand in der Familie sich nicht wohl gefühlt habe.

Jedes Jahr finden Ende Oktober Geistertouren in Dunster Castle statt, für alle, die sich gerne gruseln. Zugegeben, die Veranstalter helfen mit Spezialeffekten ein wenig nach. Doch als vor einigen Jahren ein Besucher den Schloßverwalter fragte, wie sie es denn geschafft hatten, das Gesicht so täuschend echt in den Spiegel zu bekommen, mußte dieser passen. Da hatte wohl eines der Hausgespenster ein wenig mitspielen wollen. Immerhin hat in besagtem Zimmer einstens King Charles I genächtigt. Hätte nächtigen können, ist vielleicht die bessere Formulierung. Bekannt ist nur, daß King Charles einst in der Gegend war, und wenn er überhaupt irgendwo geschlafen hat, dann nur in diesem Raum. Von der Gruppe ist jedenfalls keiner bereit, den Kopf in den Geheimgang zu stecken, der, von einer Tapetentür versteckt, von diesem Schlafzimmer ausgeht. Man kann ja nie wissen, wer sich darin versteckt.

Auf dem Weg zur Eingangshalle des Schlosses berichtet Jane von der Weißen Frau, die in Dunster Castle häufig gesichtet wurde. Verstohlen schauen sich einige über die Schulter, ob sie vielleicht gefolgt ist. Doch da steht nur Alan, der aufpaßt, daß niemand zurückbleibt.

In der Eingangshalle zeigt Jane zwei lebensgroße, Lampen tragende Figuren, die rechts und links vom Kamin stehen. Jedes Jahr wird im Winter, wenn das Schloß für Besucher geschlossen ist, alles mit Tüchern abgedeckt. So war es auch, als der Schloßverwalter ein paar Verwandte durchs Haus führte. Als er wieder in die Eingangshalle kam, wunderte er sich über den eigenartig brenzligen Geruch – jemand hatte, während er unterwegs war, die Lampen unter den Tüchern angeschaltet.

Dann geht es schließlich durch das Portal nach draußen. Den Türdienst versieht ein Butler, ein echter, zum Anfassen, auch wenn er keine Miene verzieht. Dieses Mal wird der Gruseleffekt aber dadurch gemindert, daß man ihn einwandfrei als den jungen Mann erkennen kann, der sonst im Laden arbeitet.

Die Gespenstertouristen sind heilfroh, daß sie alles gut überstanden haben. Jetzt geht es auf in den Luttrell Arms – einen uralten Pub am anderen Ende von Dunster mit großem Kamin, dunklen Holzbalken und viel Atmosphäre. Dort kann man die Schaudereffekte der Geisterei mit einem wohlverdienten Whisky lindern!

England hat ein ganz besonderes Verhältnis zu seinen durchsichtigen Mitbürgern: Wer als Gespenst etwas auf sich hält, hat sich auf der Insel niedergelassen, wo es in jedem anständigen Haus spukt und selbst Hotels mit ihren Hausgespenstern werben. Da durchstreifen die Geister von Übeltätern reuevoll die Örtlichkeiten ihrer Verbrechen, finden sich Hotelgäste von Angesicht zu Angesicht mit feisten Mönchen, die sich auf ihrem Bett niedergelassen haben, oder hält ein unsichtbarer Spuk Besucher mit lautem Rumoren vom Schlafen ab. Alles ganz normal, finden jedenfalls die Engländer. Kein Wunder, daß sich Gespenster in diesem Land der alten Gemäuer, historischen Landsitze und verwunschenen Gärten so wohl fühlen. Geben Sie es zu – Sie würden als Gespenst auch nicht in Deutschland spuken wollen, wo kein Mensch an Sie glaubt und Ihre besten Streiche und Tricks nur als naturwissenschaftliche Phänomene diskutiert werden.

Wenn es auf den 31. Oktober zugeht, sind die Engländer nicht mehr zu bremsen. Kaum ein Manor House, das nicht, wie Dunster Castle, Normalsterbliche zu Touren durch seine Gemäuer einlädt, um Gespenstern auf die Spur zu kommen. Schließlich ist Halloween der höchste Feiertag unter Gespenstern. Geistertouren beschränken sich aber nicht auf altertümliche Gebäude. Auch die Mitarbeiter von Gartenanlagen wie *Hestercombe Gardens* bei Taunton versetzen bei ihren Touren durch die dunklen Alleen Besucher in Angst und Schrecken. Und die machen das auch noch freiwillig mit. Je heftiger es schaudert, desto besser.

Man muß in England jedoch nicht auf Zufallsbegegnungen mit Gespenstern und schon gar nicht auf Halloween warten, möchte man sich mit den Verstorbenen in Verbindung setzen. In fast jedem Ort gibt es eine *spiritual church*, eine spiritistische Kirche, die bei der Kontaktaufnahme mit den Seelen von Freunden und Verwandten behilflich ist.

In Alcombe, einem Stadtteil von Minehead, findet man die *spiritual church* in einer kleinen Kapelle. Von der Straße aus kann man das Kirchlein kaum sehen, es liegt eingebettet zwischen hübsch dekorierten Cottages inmitten von blühenden kleinen Gärten. Jeden Sonntag trifft sich die Gemeinde zum Gottesdienst, der allerdings etwas anders abläuft, als man es bei uns landläufig in den Kirchen erleben kann.

Ungefähr 30 Personen sind auch an diesem Sonntag zusammengekommen. Viele kennen sich, aber es sind auch ein paar Neulinge dabei. Die Atmosphäre ist freundlich, entspannt. Jeder wird herzlich begrüßt. Über einer Tür zu einem Nebenraum verweist ein Schild auf die Teeküche – wen überrascht's. Vorne, neben dem Altar, steht eine reizende ältere Dame, die nicht englischer aussehen könnte. Die weißen, frisch frisierten Haare haben einen ganz leichten Blaustich, die geblümte Bluse steckt in einem eleganten, langen blauen Faltenrock. Sie muntert Mary auf, die heute erstmals an der Orgel Dienst tut und fürchterlich nervös ist. Dann begrüßt sie John, das Medium, das heute in Alcombe zu Gast ist. Er ist gerade aus den Midlands nach Minehead gezogen, um hier mit seiner Frau den Ruhestand zu genießen und sieht genauso aus, wie man sich einen netten Rentner vorstellt. Auch in der Gemeinde sucht man vergebens nach Hippies und New-Age-Jüngern mit den typischen Accessoires wie wallenden Gewändern und dem Duft von Räucherstäbchen im Haar. Jede Altersgruppe ist vertreten, und alle sehen ganz normal aus.

Der Gottesdienst beginnt mit dem Singen von fröhlichen Liedern. Elizabeth, die Dame in der geblümten Bluse, schmettert den Song fröhlich in die Kapelle und versichert anschließend, daß Mary ganz wunderbar gespielt habe. Schließlich ergreift John das Wort. Er gerät in Trance, starrt in den Raum und beschreibt Gestalten, die nur er sehen kann. Dann wendet er sich einem Gemeindemitglied zu und fragt, ob dieser bereit sei, eine Nachricht von einem lieben Verstorbenen entgegenzunehmen. Auch wenn John inzwischen in Minehead wohnt, kennt er kaum einen der Besucher des Gottesdienstes. Um so verblüffender ist seine akkurate Beschreibung von Lebensumständen und besonderen Vorlieben von Verstorbenen, die es dem angesprochenen Gemeindemitglied ermöglichen, seinen Großvater oder die Schwester zu erkennen.

Spiritismus versteht sich als *a way of life*, eine Lebenseinstellung, die Philosophie, Wissenschaft und Religion miteinander verbindet. Nur die wenigsten Menschen, die eine *spiritual church* besuchen, würden sich als Spiritisten im Sinne der Angehörigkeit zu einer Religion oder gar Sekte bezeichnen. Sie leben ihren Glauben, daß die Persönlichkeit des Menschen den Tod übersteht und daß der Tod nicht das Ende, sondern der Beginn eines neuen Daseins- oder auch Bewußtseinsabschnitts ist.

Verstorbene sitzen nicht harfespielend auf einer Wolke im Himmel, sondern sind als Führer auf der Erde tätig. Wenn ein Lebender Hilfe benötigt, sind sie für ihn da. Jeder kann ihre Führung im täglichen Leben erfahren oder auch, wenn man den eigenen Wahrnehmungen nicht traut, ein Medium um Hilfe bitten.

Auch an diesem Sonntagnachmittag kann John einigen Menschen helfen, die heute nach Alcombe gekommen sind. Er hat eine Nachricht für eine junge Frau, deren Mutter vor kurzem verstorben ist. Sie hatte sich nicht richtig um die Mutter kümmern können, sondern sie in ein Krankenhaus einweisen lassen. Nun machte sie sich fürchterliche Vorwürfe. John hatte jedoch eine Nachricht der Mutter für sie: sie solle sich nicht grämen, alles wäre in Ordnung, und auf keinen Fall solle sie die geplante Hochzeit verschieben. Denn nun wäre es an der Zeit, ihr eigenes Leben zu leben.

Die Bewegung der Spiritisten begann in den 40er Jahren des 19. Jahrhunderts in Nordamerika und schaffte ziemlich schnell den Sprung nach Europa. Im viktorianischen England wurde Tischerücken ein beliebtes After-Dinner-Vergnügen. Die Befragung des Ouija-Boards, ein mit einem Kreis aus Buchstaben und den Antworten Ja und Nein versehenes Brett, auf dem ein Glas, angetrieben von der Kraft der Zeigefinger der Anwesenden, Antworten aus dem Jenseits buchstabiert, war mindestens ebenso populär.

Seancen mit berühmten Medien wurden abgehalten und pseudo-wissenschaftliche Untersuchungen unternommen, bei denen die Stimmen Verstorbener aufgezeichnet werden sollten. Die Forschungen von Freud und Jung zum Unbewußten gaben dem Spiritismus in den 1920er Jahren noch einmal Anschub. Sir Arthur Canon Doyle, sonst bekannter für seine Geschichten über Sherlock Holmes und Dr. Watson, verfaßte 1926 »The History of Spiritualism«, nur ein Buch von mehreren, in dem er sich mit diesem Thema beschäftigte. Die 1880 in Großbritannien gegründete *Society for Psychic Research* existiert übrigens immer noch.

Der Gottesdienst in Alcombe nähert sich seinem Ende. Es wird noch einmal kräftig gesungen. Dann kann sich, wer möchte, in einem kleinen Nebenzimmer Heilung geben lassen. John steht dafür zur Verfügung sowie auch Mary, die Organistin. Beide sind geübt und erfolgreich im Heilen durch Händeauflegen. Dieser Service ist natürlich kostenlos.

Jeden Sonntag kommt ein anderes Medium in die Kirche, oft aus ganz anderen Teilen des Landes. So besteht keine Gefahr, daß sich das Medium im Vorfeld mit Informationen über Gemeindemitglieder und ihre verstorbenen Verwandten versorgen kann.

Im Laufe der Woche findet im benachbarten Minehead

noch ein Meditationskreis statt. Wer Heilung benötigt, kann diese auch unabhängig von dem Gottesdienst erbitten. Auch Fernheilung ist möglich – man muß nur den Namen desjenigen, der Hilfe braucht, in ein Büchlein eintragen lassen. Andere *spiritual churches*, die größer sind als die in Alcombe, bieten auch Workshops, in denen man lernt, seine eigenen Fähigkeiten als Heiler oder Medium zu erkennen und fortzubilden.

Für deutsches Empfinden beschäftigen sich erstaunlich viele Engländer mit Fernheilung und der Kommunikation mit Verstorbenen. Es gehört zu ihrem Leben wie der Schwatz mit den Nachbarn.

England wäre nicht England, wenn es nicht noch ein wenig exzentrischer ginge. Da gibt es zum Beispiel in Südengland (und nicht nur dort) jede Menge Menschen, die sich *new age traveller* nennen und wie Nomaden mit ihren Kindern in alten Autos und Campingwagen durchs Land ziehen. Die Macmillan Encyclopedia assoziiert mit ihnen den Glauben an östliche Religionen (vor allem den Buddhismus), Meditation, Okkultes, Astrologie, Homoeopathie, Bio-Gemüse und überhaupt alle »grünen« Belange. Die Kultur der *travellers* läßt sich an die Westküste der USA und zur Hippie-Bewegung der 60er Jahre zurückverfolgen.

In England werden die modernen Zigeuner oft nicht gerne gesehen. Ihre Wagen haben nichts vom malerisch-romantischen Mythos der Romanos und schon gar nichts von der blumigen Flower-Power Zeit. Sie sind nicht nur alt, sondern auch dreckig; die häufig illegalen Rastplätze auf Feldern (selbst auf Autobahnraststätten wurden sie gesichtet), sind das, was man auf englisch *an eyesore* (Schandfleck) nennt.

Viele der *travellers* befinden sich auf der Flucht vor Arbeitslosigkeit oder auch Obdachlosigkeit in den Großstädten, aber die Zahl derer, die aus relativ gutverdienenden Mittelklasse-Familien stammen oder eine Universitätsausbildung abgebrochen haben, ist verhältnismäßig hoch. Wenn man sie fragt, was sie am Leben am meisten stört, antworten die meisten: der Materialismus, der heute den Alltag und das Denken und Fühlen der Menschen bestimmt. Die bürgerliche Gesellschaft ist ihrerseits nicht gut auf sie zu sprechen. Mal ganz abgesehen von dem vom pittoresken ziemlich weit entfernten Auftreten der Karawanen, wirft man ihnen häufig vor, Schmarotzer des Wohlfahrtsstaats zu sein, ihren Kindern keine richtige Ausbildung zu bieten und sich ihr Geld statt mit Arbeit durch Drogenhandel zu verdienen.

Seit den 1970er Jahren gilt Stonehenge, der monumentale Steinkreis in der Ebene von Salisbury in Wiltshire, als das Mekka der *new age travellers* und Neo-Druiden. Sie ignorieren, daß Stonehenge nie eine Kultstätte der echten Druiden (die Medizinmänner und Priester der Kelten) darstellte, die im 6. Jahrhundert n.Chr. den Süden Englands für die Angelsachsen räumen mußten.

Jedes Jahr in der Nacht zur Sonnenwende am 21. Juni treffen sich Tausende von Hippies und Neo-Druiden an dem Steinkreis. Im Jahr 2001 kamen insgesamt 14 500 Menschen. Es war das zweite Jahr, in dem Stonehenge von *English Heritage*, der Organisation zum Erhalt englischen Kulturguts, in dessen Obhut sich das Monument befindet, in dieser Nacht für die Öffentlichkeit zugänglich gemacht wurde, nachdem es 1984 nach Tumulten zum Schutz der Steine geschlossen worden war.

In einem Zeitungsbericht des »Guardian« wird ein Mann

namens Mark Graham zitiert, der sich als Druiden-Priester aus Loughbourough vorstellt und in einem Gewand aus Hirschfell bei den Feierlichkeiten erschien: »Es ist die Zeit des Jahres, wenn die Sonne am höchsten steht und die größte Kraft hat. Es ist die Zeit, wenn der gehörnte Gott die Erde durchstreift und sie fruchtbar macht. Er tanzt mit der Mutter Erde.« Nicht nur der »gehörnte Gott« durchtanzte die Nacht, sondern auch die Feiernden zu Samba-Klängen, Bongo-Trommeln und Sphärenklängen. Traditionelle *Morris Dancers* wurden ebenso gesichtet wie Mitglieder der Druiden-Orden, die, wie Mark Graham, der Sonnenwende mit mystischen Ritualen huldigten.

Wann genau der *Ancient Order of Druids* seine Feiern in Stonehenge begann, verliert sich im Dunst der Geschichte. Bekannt ist nur, daß der Orden im 19. Jahrhundert bis hinein ins 20. Jahrhundert sehr populär war. Einer der bekanntesten Vertreter dieses Ordens dürfte wohl Winston Churchill (1874–1965) sein, der zur Albion Lodge in Oxford gehörte.

1975 wurde der *Secular Order of Druids* initiiert, der sich den esoterischen Ideen des *New Age* verschrieb und als neu-heidnisch einzustufen ist. Seitdem zieht das *Stonehenge Festival* jährlich große Besuchermassen an. Es gilt übrigens auch als Auftakt für die Open-Air-Musikfestivals des Sommers.

In einem Punkt haben die Neo-Druiden recht: Die Bedeutung des prähistorischen Steinkreises wurde von Forschern als historischer Ort der Sonnenbeobachtung und Sonnenverehrung bestätigt. Dank eines ausgeklügelten Systems konnten Saat- und Erntezeiten errechnet werden: Zur Sommersonnenwende geht die Sonne direkt über dem *heel stone* auf und scheint ins Herz des Steinkreises, ein

Zeichen für den Bauern, daß nun die Ernte beginnt. Die Wintersonnenwende wird durch einen Stein markiert, der dem *heel stone* gegenübersteht. Wenn die Sonne durch den einst vollständigen Bogen unterging, wie, so Peter Sager, durch das Tor zur Unterwelt, dann wußte der Bauer, daß die Tage von nun an wieder länger wurden.

Heute nutzen die Farmer der Salisbury Plain andere Methoden, und nur die noch praktizierenden Druiden finden sich zu den Sonnwendfeiern und an den Tagen, die den Beginn von Herbst und Frühling markieren, an dem megalithischen Steinkreis ein. Und natürlich jede Menge Touristen, die sich das ganze Jahr über redlich bemühen, Fotos von den vielbesuchten Steinen zu machen, die den Eindruck erwecken, die mystische Stätte sei menschenleer.

Das Eldorado für Hippies, Druiden und New-Age-Anhänger ist zweifelsohne Glastonbury in Somerset mit seinen Abteiruinen, dem Ort des Heiligen Grals und Grab König Artus. Dort blüht noch immer der Dorn vom Heiligen Land aus Joseph von Arimathias Wanderstab, von dem alljährlich zur Weihnachtszeit ein Zweig zur Queen nach London geschickt wird.

Der Durchschnittstourist wird bestaunen, was von der einst so stolzen und größten Abtei Englands nach den Plünderungen durch die Truppen Heinrichs VIII. vor über 400 Jahren übrigblieb, und dann versuchen, ein Restaurant mit gutbürgerlicher Küche zu finden. Da wäre unter anderem das *George and Pilgrim*, ein Gasthaus und Hotel, das bereits vor der Reformation als solches diente. Übernachtungsgäste seien jedoch gewarnt, daß in den Räumen dieses Hauses mindestens ein Mönch spukt, der des nächtens gutgelaunt und zu Unfug aufgelegt die Zimmer besucht.

Ansonsten, von einem einzigen stilvollen und gemütlichen Tea Room gegenüber dem Parkplatz der Abbey abgesehen, dominieren lila, blutrot, gelb und blau gestrichene Lokalitäten, die ganz im Zeichen der Esoterik stehen. In ihnen tummeln sich buntgewandete Gestalten, das lange, wallende Haar durch lilafarbene Bänder gehalten, die biologisch angebaute Gemüsesuppe schlürfen und über die Einflüsse des Mondes auf das Wachstum der Fingernägel diskutieren.

Über den Duft nach Lauch legt sich Moschus und Weihrauch, der aus den benachbarten Geschäften strömt. Hier gibt es nichts, was es nicht gibt. Jedes nur denkbare Accessoire für das Druidentum und jedes Zubehör für die Ausübung von esoterischen Übungen ist in den Lädchen rund um die Abtei erhältlich.

Ein Geschäft verkauft Kristalle und Halbedelsteine, die gegen Krankheiten und den bösen Blick helfen sollen. Nebenan gibt es Räucherstäbchen in Duftnoten wie Moonstone, Nirwana und Spirit of Gaia und Behältnisse, in denen man sie abbrennen kann, dazu Hunderte von Ölen mit magischen Wirkungen zum Inhalieren und Einreiben, die ihre Wirkung am besten entfalten, wenn man bei der Anwendung Beschwörungsformeln murmelt und auf die Phase des Mondes achtet. Gegen jegliches Leiden vor allem seelischer Natur ist auch ein getrocknetes Kraut zu erwerben.

Ein anderer Laden verkauft Tarotkarten, keltische Broschen und Schnallen sowie Ornamente jeglicher Art. In Buchhandlungen gibt es einführende Werke in die Esoterik, Weissagungen berühmter Geistführer und Anleitungen zur Aromatherapie. Ruheräume laden zur Meditation ein, in kleinen, gewölbeähnlichen Gemächern warten weise Frauen und Männer auf Kundschaft. Sie blicken in Kristallkugeln, befragen die Karten und lesen Handflächen, um dem Fragenden Auskunft über seine Zukunft zu geben. Andere analysieren die Aura, legen Hände auf, besprechen Warzen und heilen im schimmernden Licht der Kerzen und Salzlampen.

Es heißt, Glastonbury sei das sagenumwobene Avalon, die Insel, wo König Artus einst seine Tafelrunde um den Heiligen Gral versammelte. Tatsächlich war Glastonbury einst eine Insel, als das Wasser des Bristol Channels noch das zwischen den Quantocks und den Mendips gelegene Sedgemoor überspülte. Nur der nahegelegene konische Hügel, Glastonbury Tor, auf dessen Kuppel eine Kirchenruine steht, überragt die Ebene. Hier soll, alten Mythen zufolge, einst der Ort gewesen sein, an dem man Kontakt zum Jenseits aufnehmen konnte, hier war der Eingang zum Jenseits. So galt Glastonbury schon von alters her als spirituelles Zentrum.

Wer an einem nebligen Tag Glastonbury Tor besteigt, kann mit ein wenig Phantasie die Wogen des Meeres im Tal unter sich sehen und die Moderne und Hektik des Alltags in der Höhe vergessen. Wen würde es wundern, wenn ein keltischer Priester im wallenden Gewand hier auftauchen würde, um zu beten. Vielleicht ist es aber auch ein Zauberer, ein Nachfahre Merlins oder Schulkamerad Harry Potters, der an diesem mystischen Ort Kraft sammeln will. Allerdings sollte es den Wanderer ebensowenig überraschen, wenn sich dieser vermeintliche Priester oder Zauberer als Hippie entpuppt, der den Berg erklomm, um bei einem Joint sein Bewußtsein zu erweitern und zu größeren Erkenntnissen zu gelangen.

Englands Wilder Westen

I'd known before
The rounded skyline of the moor
And the rocky rivers that run
In wooded combes away from the sun ...
Edward Garfitt, *Return to Exmoor*

Darf Ihre Südenglandreise mit einem Hauch von Abenteuer gewürzt sein? Dann sollten Sie sich aufmachen ins West Country, wo die Landschaften wild und ungezähmt sind, bevölkert nicht nur von ungefährlichen Tieren, und wo Unvorsichtige ihr Leben in ernsthafte Gefahr bringen können. Werden Sie Zeuge wilder Jagden über das Moor, wandern Sie durch dichten Regenwald und über schmale Klippenpfade hoch über dem tosenden Meer, entdecken Sie die Geheimnisse der Tierwelt auf Safaris und folgen Sie prähistorischen Spuren, aber bitte ausgerüstet mit Karte, Kompaß und nicht, ohne sich vorher über die Wetteraussichten informiert zu haben. Nebel, Regen und Schnee bedeuten auf den einsamen Höhen der Hochmoore Exmoor und Dartmoor nicht einfach nur schlechtes Wetter, sondern können tödliche Folgen haben.

Bei Exkursionen entlang der steilen Küste vergessen Sie bitte nicht, daß der Strand bei Flut völlig verschwindet und Sie höchstens als geübter *freeclimber* eine Chance haben, trockenen Boden unter die Füße zu bekommen. Deshalb sollte der Blick in den Gezeitenkalender, bei jedem Zeitungsladen für ein paar Pence käuflich zu erwerben, vor jedem Spaziergang an der Nordküste zur Gewohnheit werden. Es sei denn, Sie wollen ausprobieren, wie gut die von Freiwilligen besetzte Küstenwache funktioniert.

Wichtigste Kleidungsstücke sind Gummistiefel und Regenjacke, allerdings nicht in Ostfriesengelb, wenn Sie nicht auffallen möchten. Die grünen Gummistiefel werden *wellingtons* oder einfach nur *wellies* genannt. Diesen Namen verdanken sie Arthur Wellesley, 1st Duke of Wellington, der gemeinsam mit dem Preußen Blücher in der Schlacht von Waterloo (1815) Napoleon besiegte. Als der Offizier und Staatsmann einmal per Schiff unterwegs war und gerade ins Bett gehen wollte, soll er auf den Hinweis, daß das Schiff vermutlich gleich sinken würde, geantwortet haben: »Nun gut, dann werde ich meine Stiefel nicht ausziehen.« Der *green wellie* ist ein derart wichtiger Bestandteil des Lebens im West Country, daß er Namensgeber für eine von der Zeitung »Western Morning News« im Frühjahr 2001 initiierte Kampagne zur Unterstützung der unter den Folgen der Maul- und Klauenseuche leidenden Farmer war. Bereits am ersten Tag sammelte die *Green Wellies Campaign* 34 000 Pfund. Aber auch bei Dorffesten spielen die Gummistiefel eine wichtige Rolle. In den frühen 1970er Jahren entwickelte sich eine neue Sportart, die man, frei übersetzt, Gummistiefelweitwurf nennen könnte: der Begriff *wellie-wanging* fand sogar Eingang in die Wörterbücher.

Was die Regenjacke betrifft: Unter Einheimischen am weitesten verbreitet ist die Wachsjacke, die Sie vor Ort auf allen Märkten und in auf den Bedarf des Farmers ausgerichteten Geschäften käuflich erwerben können. Sollten

Sie sich für Ihre Exkursion in die Wildnis eine Barbour-Jacke zugelegt haben, dann sei Ihnen empfohlen, sie zu Hause einzutragen, wenn Sie ein breites Grinsen Ihres Safari-Führers vermeiden wollen.

Jim Winzer, zum Beispiel, in dessen Obhut Sie sich bei einer im *Exmoor White Horse Hotel* in Exford startenden Exmoor-Safari begeben, schlägt vor, die Jacke auf die Straße zu legen und einen Traktor dreimal darüberfahren zu lassen. Dann sähe die Barbour-Jacke so aus, wie es sich fürs Exmoor gehört, und nicht mehr nach Juristen und Yuppies, die sich für den Ausflug aufs Land dressed-down haben und bösartig *green-wellie-brigade* genannt werden. Die Maßnahme mit dem Traktor ist zugegebenermaßen ein wenig drastisch, zumal – garantiert – der rote Schlamm des englischen Westens allen Kleidungsstücken ziemlich zügig einen rustikalen Charme verleiht. Der einheimische Farmer ergänzt die grün-braune Grundausstattung gerne mit einem Käppi, dessen Ursprungsfarbe, wäre sie noch zu erkennen, ein grün-braunes Karo war. Aber Sie müssen es ja mit der Umsetzung des Spruchs »when in Rome do as the Romans do« nicht auf die Spitze treiben.

Englands Westen fängt, das haben wir eingangs schon festgestellt, ungefähr auf der Höhe von Glastonbury an. Entlang der Südküste gibt er sich ziemlich gezähmt und, je weiter man den Osten hinter sich läßt, ausgesprochen mediterran. Nicht umsonst wird die Gegend um Torquay die englische Riviera genannt. Lauschige Buchten mit schneeweißem Sand säumen karibikblaues Meer, Palmen gedeihen und Agaven, Hecken aus rund ums Jahr blühenden Fuchsien säumen die Wege. Es ist das Land, in dem nicht nur die Zitronen blühen, sondern auch zahlreiche Rosamunde-Pilcher-Filme spielen, die sich ja jeder »nur wegen der Landschaftsaufnahmen« anschaut.

Doch von dieser südenglischen Idylle, im Süden Devons und Cornwalls angesiedelt, soll hier nicht die Rede sein, sondern von den Mooren, die einen großen Teil des Reizes des englischen West Country ausmachen.

Es fängt an mit dem Sedgemoor, von dem bereits mehrfach die Rede war. Es ist die erste von vier Moorlandschaften, die jede für sich eine Reise wert ist, so unterschiedlich sind ihre Erscheinungsformen.

Das Sedgemoor ist so flach wie Holland. Deshalb wurden für Touristen Rad- und Wanderwege entlang von Kanälen angelegt. Der Wildheit des Sedgemoors wurde zwar von Menschen Zügel angelegt, doch sollten Sie auch hier die Naturgewalten in Form von Nebel und Überschwemmungen nicht unterschätzen.

An einem kalten Herbstmorgen, wenn der Dunst über den Wiesen liegt und die knorrigen Stämme der Weidenbäume mit dem Horizont verschmelzen, erscheinen die Somerset Levels wie ein Land aus uralten Zeiten. Man braucht nicht viel Phantasie, um die Schemen von König Alfred und seinen Mannen zu erkennen oder Merlin auf dem Weg nach Glastonbury zu sehen. Im dichten Nebel hört man die Schreie der Kämpfenden, die zu Tausenden in der *Battle of Sedgemoor* (1685) ihr Leben ließen, das Klirren von Metall und das Trappeln von Hufen.

Und doch, obwohl die Atmosphäre der Moorlandschaft etwas anderes glauben lassen will, ist vieles von dem, was man heute im Sedgemoor sehen kann, erst vor überraschend kurzer Zeit entstanden.

Als vor ungefähr 10 500 Jahren die Eiszeit ihrem Ende entgegenging, entstand die Hügellandschaft der Mendips,

Poldens, Blackdowns und der Quantocks, die das Sedgemoor einrahmen, in ihrer heutigen Form. Heute sind die Mendips vor allem bekannt für ihre Tropfsteinhöhlen.

Hier liegt auch Cheddar. Der Ort gab dem Käse seinen Namen, der in England von allen Käsesorten am häufigsten im Kühlschrank der Einheimischen liegt. Das, was Sie in deutschen Käsegeschäften als *cheddar* angeboten bekommen, ist übrigens eigentlich Leicester (ausgesprochen »Lester«): mit Karotin orange gefärbter Cheddar. Der Original-Cheddar hat eine eher goldgelbe Färbung und wird in den Geschmacksrichtungen *mild*, *strong* und *mature* (reif) angeboten. Eine Variante ist *oakwood* oder *applewood smoked cheddar*, über Eichen- oder (in Somerset besonders beliebt) Apfelholz geräucherter Cheddar. Doch ich schweife ab …

Zurück zu den Ursprüngen des Sedgemoors. Um 7500 vor Christus hatte sich das Eis weit zurückgezogen und der Meeresspiegel begann zu steigen, bis das Meer das heutige Sedgemoor, wenn auch nicht hoch, doch ganz bedeckte. Zweitausend Jahre hatte dieser Prozess gedauert. Mit dem Meereswasser wurde Lehm angespült, während die Flüsse Erde von den Hügeln herantrugen. So bildete sich schließlich eine Torfschicht, die den Boden bereitete für den Einzug weiterer Pflanzen.

Das Klima der folgenden Jahrhunderte war launisch und wechselhaft. Dadurch änderte sich auch ständig das Gesicht der Levels: Sümpfe, Marschen und Moorlandschaft wechselten sich ab.

Als die Menschen noch in Höhlen wohnten und ihr Leben vom Jagen, Fischen und Sammeln bestimmt wurde, war der menschliche Einfluß aufs Sedgemoor gering. Das änderte sich erst mit der vom Mittelmeer aus sich verbreitenden, neolithischen Kultur, die das Konzept der Landwirtschaft erfand: Diese Leute begannen, im Sedgemoor Getreide anzubauen und ihr Vieh zu weiden. Sie kannten auch die noch heute praktizierte Kunst des Baumrückschnitts. Mit Hilfe raffiniert angelegter Holzwege bewegten sie sich über das Moor. Allerdings zogen sie die Hügel immer noch als Wohnort vor.

Sie nutzten alles, was das Sedgemoor zu bieten hatte, im Sommer als Weideland und im Winter, wenn das Moor überflutet war, zum Fischen und Jagen. Zum ersten Mal wurde die Urlandschaft von Hügel und Heide von Menschen gerodet und bebaut. Und trotzdem war von einer Bändigung der Wildnis keine Rede, der Einfluß des Menschen auf die Landschaft minimal.

In der Eisenzeit wurden die ersten Siedlungen auf dem Marschland gegründet – nördlich der Poldens fand man sogenannte Seendörfer in der Nähe des heutigen Meare und Glastonbury.

Die Römer brachten neue Ideen nach Somerset: Wege wurden gebaut und die Marsch in Küstennähe trocken gelegt. Sie gewannen dem Meer Salz ab und machten all das, wofür die Römer auch bei uns bekannt sind. Aber zähmen konnten – oder wollten – sie das Sedgemoor auch nicht.

Das lag eher im Interesse der Klöster, die zum Zeitpunkt der Eroberung durch die Normannen (1066 landeten sie bei Hastings an der Südküste) bereits fest in England etabliert waren. Im Laufe der folgenden Jahrhunderte wurde immer mehr Land landwirtschaftlich genutzt, die Flüsse für Fischzucht gedämmt. Mauern sollten sowohl an der Küste als auch in bestimmten Teilen des Moors Überflutungen verhindern. Kanäle wurden gebaut, um das Land trockenzulegen, die Flüsse umzuleiten und das Wasser zu kontrollieren.

Heinrich VIII. ist es zu verdanken, daß das Moor Moor bleiben durfte: Durch die von ihm verordnete Säkularisierung der Klöster (1538) gab es niemanden mehr, der sich ernsthaft für die Landgewinnung interessierte. Über 200 Jahre blieb das Segdemoors weitgehend unberührt, dann beschloß das Parlament den *Enclosure Act* (Gesetz zur Einzäunung) und läutete den Beginn der intensiv betriebenen Landwirtschaft ein.

Zwischen 1770 und 1830 rückten Bauern dem Moor mit einem System aus Gräben und Abflußrinnen zu Leibe. Die Erfindung der Dampfmaschine im 19. Jahrhundert gab den Landbesitzern ein Hilfsmittel an die Hand, das ihnen einen klaren Vorteil im Kampf gegen die Fluten verschaffte: die Pumpe.

Erstmals hatte es den Anschein, als hätte der Mensch die Natur besiegt und die Levels gezähmt. Doch der Kampf tobt noch immer, auch wenn der Mensch heute – endlich – begriffen hat, daß er nur überleben kann, wenn auch die Natur ihr Refugium hat – allerdings mußte die Regierung den Bauern diese Denkweise mit einigen Subventionen schmackhaft machen.

Die Quantocks, die Hügelkette, die sich von Norden nach Süden zieht, begrenzen das Sedgemoor im Westen und bilden gleichzeitig die östliche Grenze des Exmoors. Hier verbrachten einst die Dichter Samuel Taylor Coleridge und William Wordsworth einen Teil ihrer Jugend, angezogen von der wildromantischen Moorlandschaft direkt am Meer. Gemeinsam verfaßten sie hier im Sommer 1797 die »Lyrical Ballads«. Coleridge schrieb in seinem Haus in Nether Stowey, das heute vom *National Trust* als Museum in seinen Ehren geführt wird, einige seiner bedeutendsten Werke, darunter »Kubla Khan«, »Frost at Midnight« und ein großer Teil von »Christabel«. Als er bereits *poet laureate* (von der Krone ernannter Hofdichter) und einer der berühmtesten Dichter Englands war, kehrte Wordsworth 1841 in die Quantocks zurück. In seinem autobiographischen Gedicht »The Prelude« erinnert er sich an die Tage seiner Jugend, denen ein Hauch von Magie anhaftete:

That summer, under those indulgent skies,
Upon smooth Quantock's airy ridge we roved;
Unchecked, or loitered mid her sylvan combes ...

Weiter südwestlich, auf der anderen Seite von Exeter, kommt das Dartmoor, bekannt für die ihm eigene karge, beklemmende Schönheit. Mittendrin liegt das Dartmoor Prison, 1809 am Rande des Ortes Princetown, 16 Meilen von Plymouth, von napoleonischen Kriegsgefangenen für französische und amerikanische Leidensgenossen gebaut. Der Ort ist, so beschreibt ihn die HM Prison-Homepage (die Website der Gefängnisse Ihrer Majestät), etwas abgelegen, eine Angabe, die in ihrer Untertreibung britischer nicht sein könnte.

Seit 1850 verbüßen Kriminelle ihre Haftstrafe in diesen gewaltigen Mauern, wo Platz ist für 691 Gefangene. Vor ihren Fenstern breitet sich kilometerweit die vom Wind zerfetzte Moorlandschaft aus. Die wenigen Bäume sind verkrüppelt, Wolkengebilde werfen dramatische Schattenbilder auf die kahlen Hügel, aus denen Granitfelsen ragen. Wem es gelingen sollte, die Gefängnismauern zu überwinden, dem bleibt der mühsame Weg über das offene Venn, aus dem schon viele nicht zurückgekehrt sind. An durchschnittlich 218 Tagen im Jahr regnet es hier, an den restlichen Tagen ist Nebel wetterbestimmend.

Diese Landschaft hat über die Jahrhunderte hinweg die Phantasie der Menschen beflügelt und ist Schauplatz zahlreicher Tragödien und Kriminalromane. Hier trieb auch der Hund von Baskerville sein Unwesen.

Am Rande des Dartmoors lebte einst Sir Francis Drake, Pirat im Dienste seiner Königin Elizabeth I, der später von ihr geadelt wurde. Sein bahnbrechender Erfolg im Kampf gegen die Spanische Armada mußte, da waren sich seine Zeitgenossen sicher, einem Bund mit dem Teufel zu verdanken sein, galt Drake doch als Hexenmeister. 1581 kaufte Drake Buckland Abbey, eine alte Zisterzienser-Abtei, um hier mit seiner Frau zu leben.

Noch immer liegt in den grauen Gemäuern die Trommel, die Drake von 1577 bis 1580 bei seiner Weltumsegelung begleitete. Noch immer schlägt sie Alarm, wenn England in Not ist (zum Beispiel vor den Weltkriegen). Es heißt, Sir Francis Drake sei nicht tot, sondern schlafe nur, und wenn die Trommel in Zeiten der Gefahr für England geschlagen wird, werde er aufwachen, um England ein weiteres Mal zu retten.

Bei Vollmond sollten Sie die Augen besonders weit aufhalten: In solchen Nächten, wird gemunkelt, verläßt Sir Francis Drake Buckland Abbey häufig in einer schwarzen Kutsche, gezogen von vier Rappen ohne Kopf.

Das letzte Moor des West Country ist das Bodmin Moor in Cornwall. Es ist nicht weit vom Dartmoor gelegen, aber nur halb so groß und nicht annähernd so wild wie dieses. Nördlich von Bodmin Moor liegen die Örtchen Tintagel und Boscastle direkt an der Küste, beiden sollten Sie auf Ihrer Reise einen Besuch abstatten.

In der über den steilen Klippen thronenden Ruine von Tintagel lebte einst, so behauptete es jedenfalls der Chronist Geoffrey of Monmouth 1136 in seiner »Historia Regum Britanniae«, König Artus. Ziemlich zugig ist es dort oben – selbst an sogenannten windstillen Tagen sollten Sie Ihren Hut gut festhalten. Unterhalb der Burgruine befindet sich eine Höhle, *Merlin's Cave* genannt.

Das Bodmin Moor verdankt seine Bekanntheit einem Roman, den Daphne du Maurier, Autorin von »Rebecca«, in den 1930er Jahren hier über eine Kneipe schrieb, in der sich Schmuggler und Reisende den Platz am Tresen teilten: *Jamaica Inn* wurde schließlich zum Filmschauplatz und zur Pilgerstelle für Fans der Schriftstellerin.

Folgen Sie mir zurück ins Exmoor, dem attraktivsten, weil landschaftlich abwechslungsreichsten Moor des West Country. 1954 wurde das 300 *square miles* (777 km^2) große Gebiet am Rande des Bristol Channels, von dem zwei Drittel in Somerset und ein Drittel in Devon liegt, zum Nationalpark erklärt. Wandern Sie in lieblichen Tälern entlang munter plätschernder Bachläufe weit weg von jeglicher Zivilisation. Bummeln Sie durch pittoreske Städtchen und Dörfer wie Dulverton (*Lewis' Tearoom*), Dunster (*Luttrell's Arms, Locke's Tearoom*), Allerford (*Cross Lane House*), Bossington (*Kidnor's Tea Garden*), Selworthy und Luccombe, in denen Sie die strohgedeckten, oft bunt gestrichenen Cottages bewundern und sich an *cream tea* so richtig satt essen können.

Ein großer Teil des Exmoor ist landwirtschaftlich erschlossen. Auf grünen, sanft gewellten Weiden grasen

Schafe, deren Lämmer im Frühjahr zum Schutz vor der Nässe von oben und unten ein Regenmäntelchen aus Plastiktüten der örtlichen Supermärkte tragen.

Aber es geht auch anders als lieblich: Das Hochmoor, allen voran die *Chains* genannte Gegend im Westen Exmoors, ist unwirtlich und auch gefährlich. Selbst Einheimische, die schon immer im Exmoor gelebt haben, haben hier ihr Leben gelassen, wenn sie bei der Überquerung des Moors keine Vorsicht walten ließen. Jim Winzer erzählt von mehreren Verwandten, die nach Einbruch der Dunkelheit und bei schlechtem Wetter die Orientierung im Moor verloren hatten und nie wieder gesehen wurden.

Im Hochmoor jenseits der unzugänglichen, sumpfigen *Chains* treffen Sie auf wildlebende Ponys und begegnen Schafen, die sich mit Vorliebe mitten auf der Straße niederlassen. Wo Sie mit Ihrem Auto bleiben, ist dann Ihre Sache. Im Zweifelsfall haben Schafe hier sämtliche Privilegien. Irgendwann steht auch das faulste Schaf wieder auf, deshalb fahren Sie auf der Küstenstraße bei Ausweichmanövern bloß nicht zu weit an den Rand – lassen Sie sich einfach Zeit (davon gibt es im West Country mehr als genug) und genießen Sie den atemberaubenden Ausblick Richtung Lynmouth. Ein Absturz über den Rand der unbefestigten Straße die steilen Klippen hinunter ist weniger empfehlenswert.

Der Anblick der blühenden Heide im Spätsommer ist spektakulär – wohin das Auge blickt, zieht sich lilafarbenes Heidekraut über die Hügel. Dazwischen blüht der quittengelbe Stechginster.

Undurchdringliche Regenwälder zum Kanal hin zeugen von der hohen Luftfeuchtigkeit an der Küste. Mittendrin, in der Nähe von Porlock Weir, liegt Culbone Church, die angeblich kleinste Gemeindekirche Englands. Im Mittelalter befand sich in diesen unwirtlichen Wäldern eine Kolonie von Leprakranken, die als Köhler arbeiteten. Noch heute sehen Sie in den Wänden der Kirche ein spezielles Fenster, durch das die Leprakranken vom Friedhof aus dem Gottesdienst für einen für sie grausamen Gott folgen durften.

Dramatische Fels- und Klippenformationen sind Heimat und Brutstätten von seltenen Seevögeln und Robben. In Combe Martin, der westlichen Grenze vom Exmoor, gibt es die längste Dorfstraße Englands. Weitere kleine Hafenstädtchen wie Lynmouth und Porlock Weir bieten Schutz vor dem Meer, das sich im Bristol Channel von seiner tückischsten Seite zeigen kann. Im *Ship Inn* in Porlock schrieb Coleridge einst seine Ballade vom »Ancient Mariner«, zu dem ihn der Anblick der auslaufenden Fischerboote aus dem Hafen von Watchet inspiriert hat. Sie brauchen sich das jetzt nicht zu merken – weder Watchet noch Porlock gibt Ihnen eine Chance, Coleridge zu vergessen. Dafür haben die für den Tourismus zuständigen Menschen gesorgt. Und noch eine literarische Gestalt wird Ihnen begegnen: Lorna Doone.

Damit wären wir bei einer Geschichte angekommen, die dem Wilden Westen angemessen ist, die Geschichte der Räuberfamilie Doone, die sich wahrhaftig zugetragen hat. Vielleicht nicht ganz genau so wie in R. D. Blackmores romantischem Roman »Lorna Doone«, aber doch so ähnlich.

Die Doones, angesiedelt in Bagworthy, nicht weit von Malsmead und Oare, waren eine blutrünstige Bande von *outlaws*, die, als King Charles I. in England herrschte, ihr Unwesen im Exmoor trieben, Frauen kidnappten und alle Welt in Angst und Schrecken versetzten.

Um 1640 hatten die Doones, eine schottische Adelsfamilie, ihr Land verloren. Es traf vor allem Ensor Doone, den allein schon sein ungebändigtes Temperament zum Ausgestoßenen machte. Niemand wollte ihm helfen. So beschloß er schließlich, sich in einem Landesteil niederzulassen, in dem ihn keiner kannte. Zum Unglück der Menschen im Exmoor entschied er sich für ihre Gegend und siedelte in einem der unzugänglichsten Täler des Moors.

Zunächst hieß man ihn in gewohnter Gastfreundschaft willkommen. Aber leider hielten es Ensor Doone und seine Mannen nicht genau mit Recht und Ordnung. Zur Konsternierung von John Ridd, Erzähler und männliche Hauptperson von »Lorna Doone« vermehrten sich die Doones auch noch wie die Karnickel: »Bald vermehrten sie sich in ganz erstaunlicher Weise. Ob es am Hirsch lag, den wir für kräftigende Nahrung halten, oder am Exmoor-Hammel, oder an der kalten, aber sanften Luft der Moorlandschaft – jedenfalls wuchs die Familie der Doones weit schneller als ihre Ehrenhaftigkeit.« Und das Dumme an der Geschichte war, daß die Kerle zudem so groß und kräftig waren, daß die Farmerstöchter gar nicht mal so böse waren, wenn sie von ihnen gekidnappt wurden: »Denn Frauen, will mir scheinen, mögen starke Männer lieber als schwache, denn sie spüren, daß sie Zuverlässigkeit brauchen, etwas, an dem sie sich festhalten können«, stellt John Ridd mit Bedauern fest.

Da ich nicht die ganze Geschichte nacherzählen möchte, die in der Penguin-Ausgabe immerhin 630 Seiten lang ist, sei nur so viel gesagt: Von Malmsmead aus können Sie noch heute das romantische Doone Valley entlang des Badgworthy Water durchwandern, das die Grenze zwischen Somerset und Devon bildet. Zuvor sollten Sie sich noch die Kirche im nahegelegenen Oare ansehen – hier fiel der Schuß, von dem eifersüchtigen Carver Doone abgegeben, der Lorna Doone vor dem Altar traf, als sie John Ridd ehelichen wollte.

Ob die Geschichte letztendlich gut ausgeht, sollten Sie selber nachlesen. In der Kirche erinnert eine Plakette an den Autor, R. D. Blackmore, dem entlang des Wanderpfades im Doone Valley auch ein Gedenkstein gesetzt wurde. Lorna Doones Denkmal steht in Dulverton – außerdem gibt es farbenfrohe Postkarten, Teller, Becher und Geschirrtücher zu ihrem Gedenken.

Wenn Sie genug von Literatur, Räubergeschichten und den Tälern vom Exmoor haben, dann begeben Sie sich auf Exmoor Safari. Mit dem Jeep geht es querfeldein, immer auf der Suche nach dem berühmten Rotwild und den noch berühmteren Exmoor Ponys.

Fangen wir mit dem Rotwild an, das sich gerne im Farnkraut versteckt und aufgrund der Fellfärbung nur vom geübten Auge zu erkennen ist. Aber dafür haben Sie ja Ihren Safari-Führer dabei. Jim Winzer zum Beispiel. Er verteilt erst einmal Ferngläser an alle Greenhorns, die meinten, die Wildnis auch mit bloßem Auge ergründen zu können. Dann fährt er über Stock und Stein, entlang steiler Schluchten und kommt kurz vorm Abgrund zum Stehen. Bald schon wird er erklären: »Da drüben liegt ein Hirsch im Farnkraut«. Das können Sie nun glauben oder auch nicht. Sehen tun Sie den Hirsch wahrscheinlich erst einmal nicht. Das Geweih, das im Frühjahr abgeworfen wird und erst Ende August wieder völlig runderneuert ist, ragt, wenn Sie Glück haben, über das Farnkraut hinaus. Wenn der Hirsch dann noch die Güte besitzt, sich zu bewegen, dann erkennen auch Sie, daß Sie nicht auf einen vertrockneten Baumstamm, sondern tatsächlich auf einen kapitalen Bock geschaut haben.

Die Geschichte des Exmoors ist eng mit dem Rotwild verknüpft: Die Normannischen Könige wandelten das Hochmoor in einen *Royal Forest* um – der königliche Wald hatte zwar keine Bäume, dafür aber besagtes Wild, das ab diesem Zeitpunkt der königlichen Tafel vorbehalten war.

Die Verwaltung der harten Forstgesetze oblagen einem Aufseher und seinen Beamten. Die Position des Aufsehers wurde von einem Höfling besetzt und war erblich. Sein Einkommen erhielt er (bzw. sie – in ein oder zwei Fällen war der Aufseher eine Frau) dadurch, daß er die Stellen seiner Beamten meistbietend verkaufte. Diese wiederum verdienten ihr Geld durch Mieten, Strafen, Korruption und zögerten nicht, ihren Forderungen durch Erpressung Nachdruck zu verleihen. Dagegen vorgehen konnte man nicht – auch das »Rechtssystem« wurde von den Beamten kontrolliert.

1819 verkaufte die Krone schließlich ihre Interessen an Exmoor an einen Industriellen namens John Knight. Zu diesem Zeitpunkt war Exmoor praktisch unbesiedelt, abgesehen von einer kleinen Farm bei Simonsbath.

Knight und sein Sohn Frederic, der die Ländereien 1840 von seinem Vater übernahm, bauten eine 46 Kilometer lange Mauer um ihr Gebiet sowie ein 35 Kilometer langes Straßennetz, das Simonsbath mit dem Rest der Welt verband. Ab 1842 errichteten sie Farmhäuser im Moor und verpachteten sie – aber es sollte bis 1880 dauern, bis die erste Farm einen Profit abwarf.

Viel spannender als das Rotwild sind für Touristen die Ponys, die im Hochmoor leben. Sie gehören zu den Ureinwohnern des Exmoors, stammen direkt von den prähistorischen Wildpferden ab und sind ungeheuer widerstandsfähig. Kein Wetter, das ihnen etwas anhaben kann, dabei kann es auf den Höhen des Hochmoors ungemütlich werden. Im Winter liegt häufig Schnee, und der Wind pfeift zu jeder Jahreszeit. Die sogenannte »gefühlte Temperatur« senkt die Temperaturen weit unter den Gefrierpunkt.

Halten Sie die Augen auf, wenn Sie über das Hochmoor fahren, zum Beispiel von Exford nach Porlock oder in die andere Richtung, über Winsford nach Dulverton, dann werden Sie die Exmoor Ponys sehen. Ihr Fell ist rauchig- bis rotbraun gefärbt, der Unterleib, die Schnauze und die Innenseite der Beine sind hell, Mähne und Schwanz dagegen schwarz. Die Ponys haben sich an die Touristen gewöhnt und grasen ungerührt weiter, wenn sie aus angemessener Entfernung beobachtet und fotografiert werden. Nur zu dicht herankommen dürfen Sie nicht, dann stolzieren die Ponys hocherhobenen Hauptes davon.

Die wilden Ponys gehören dem Besitzer des Landes, auf dem sie sich gerade befinden. Noch immer gibt es die alte Tradition, daß die Ponys im Herbst zusammengetrieben, gezählt und gebrannt werden. Viele Tiere werden im Oktober auf der Bampton Fair verkauft. Die übrigen jedoch kehren zurück in die Wildnis des Hochlands vom Exmoor.

Ein weiteres Tier hat sich im Exmoor einen Namen gemacht, doch sollten Sie ihm lieber nicht begegnen, denn es wird nicht umsonst das *Beast of Exmoor* genannt. Anfang der 1980er Jahre begannen seine Attacken auf die Schafherden, die im Exmoor grasten. 1983 wurden in einer Nacht in der Gegend von South Molton am Südrand des Nationalparks 80 Lämmer und Schafe gerissen.

Eigenartige Tatzenspuren fanden sich an der Unglücksstelle, auch die Art der Tötung sprach gegen die Theorie, daß Hunde hier gewildert hatten. Immer mehr Tiere fielen im Laufe der Jahre dem Biest zum Opfer. Es mehrten sich auch die Berichte von Leuten, die eine große Katze gesehen hatten, deren Augen in der Dunkelheit grün leuchteten. Das Tier habe ein dunkles Fell und könne auch zwei Meter hohe Zäune problemlos überwinden.

Inzwischen geht man davon aus, daß noch immer mehrere dieser Katzen im Exmoor leben. Sie sind wohl die Nachfahren eines entlaufenen schwarzen Pumas, der sich mit einer ebenfalls einem Zirkus entlaufenen Leopardin eingelassen hatte. Das Ergebnis ist, behaupten jedenfalls Fachleute, eine völlig neue Katzenart, die sich den Bedingungen des im Prinzip für sie extrem unwirtlichen Geländes bestens angepaßt haben.

Wie andere Großkatzen auch, ist das Exmoorbiest nachtaktiv. Bei Tageswanderungen im Exmoor brauchen Sie sich also nicht zu fürchten. Aber hüten Sie sich, wenn Sie nachts zu Fuß unterwegs sind, denn im Exmoor kann es selbst in Ortschaften sehr dunkel sein.

Die Dunkelheit in den Dörfern hat nur bedingt etwas mit Sparsamkeit zu tun. Es ist eher eine Maßnahme gegen »Lichtverschmutzung«. In diesem Fall ist hier nicht von Umweltverschmutzung die Rede, sondern von den negativen Folgen, die künstliches Licht, zum Beispiel von Straßenlaternen, auf die Natur hat.

Deshalb sollten Sie immer eine Taschenlampe dabei haben. Auch wenn Sie nur vom Parkplatz in einen Pub gehen. Denn, bedenken Sie: Der Pub ist gut beleuchtet und vom Parkplatz aus bestens zu sehen. Umgedreht sieht es schon schwieriger aus. Wenn Sie aus dem hellerleuchteten

Haus in die Dunkelheit hinaustreten, kann es schwierig werden, den Parkplatz auszumachen. Und Ihr Auto haben Sie dann noch lange nicht gefunden. Im Zweifelsfall kennen Sie die örtlichen Gegebenheiten nicht besonders gut und sind über den Verlauf von Straßen- und sonstigen Gräben nicht informiert. Eine Taschenlampe (möglichst eine wasserfeste – denken Sie an schlechtes Wetter!) kann da Wunder bewirken. Auch hilft die Lichtquelle, sollte Ihnen das Exmoorbiest plötzlich gegenüberstehen.

Allerdings ist es um einiges wahrscheinlicher, daß Sie bei einer Fahrt im Exmoor anhalten müssen, weil Ihnen rotberockte Reiter hoch zu Ross entgegenkommen und dazu jede Menge Hunde. Denn im Exmoor wird gejagt.

Es ist ein Sport, der von ziemlich vielen Bewohnern dieser Landschaft, von Kindern bis Greisen aller gesellschaftlichen Schichten betrieben wird. Man trifft sich regelmäßig, manchmal zweimal die Woche, um gemeinsam auszureiten. Das Treffen findet auf dem Parkplatz eines Gasthauses statt, zum Beispiel bei *Ralegh's Cross* in den Brendon Hills. Bis Oktober trägt man Tweed, danach erst den typischen roten Rock. Ausnahme sind die *master of the hunt*, die die Jagd und die Meute anführen. Sie tragen immer Rot.

Das Treffen ist vor allem ein gesellschaftliches Ereignis – und eine gute Chance für den Fuchs, nie gefangen zu werden. Reiter und diejenigen, die der Jagd im Landrover folgen werden, trinken heißen Punsch, bei dessen Anblick man schon betrunken wird. Dazu gibt es gebratene Kartoffeln und kleine Pasteten.

Aus unerfindlichen Gründen kommt derjenige, der für die Punschausgabe zuständig ist, häufiger bei den Reitern vorbei als die Leute mit dem Essen. Die Reiter sitzen auf ihren feingestriegelten Pferden, dazwischen stehen die Jagdbeobachter, und in der Nähe der *masters* tummelt sich die aufgeregte Meute. Jeder der *fox hounds* (eine Art hochbeiniger Beagle) hat einen Namen wie Mabel oder Kevin, auf den er auch hört.

Bis die Truppe zum Aufbruch bereit ist, haben sich die Nasen der Reiter bedenklich rot gefärbt. Und das liegt nicht nur an den Temperaturen. Manch einer hat auch sichtlich Mühe, sich auf dem Pferd zu halten. Die Jagdbeobachter haben mindestens ebensoviel Spaß. Es geht mit dem Geländewagen die Feldwege hinauf und hinunter. Sollten Sie jemals an so etwas teilnehmen – ziehen Sie Gummistiefel an! Denn man nimmt Sie mit, querfeldein, über matschige Kuhweiden hinweg und durch Felder begrenzende Bäche.

Jeder freut sich, wenn am Horizont ein paar Reiter zu sehen sind. Ab und an entdeckt einer der Beobachter einen Fuchs, der sich das Treiben der Meute aus sicherer Entfernung von einer Hecke aus ansieht (laut Aussage der Jagd-Befürworter werden die Füchse heutzutage von den Scharfschützen mit dem Gewehr erlegt und nicht mehr, wie früher üblich, von den Hunden gerissen).

Sie sollten zudem warme Socken in Ihren Gummistiefeln tragen und Handschuhe dabei haben. Denn irgendwann wird es empfindlich kühl, wenn man längere Zeit bis zu den Waden im Schlamm steht und Nieselregen von oben für Verdunstungskälte sorgt. Die englischen Jagdbeobachter haben da vorgesorgt. Mal abgesehen von den dicken Wollsocken in den *wellingtons* tragen sie noch etwas anderes bei sich: einen silbernen Flachmann, der von wahren *gentlemen* mit den Worten »Wäre den Damen ein kleiner Tropfen Portwein genehm?« herumgereicht wird. Jede

Wette, das ist der beste Port, den Sie in Ihrem ganzen Leben getrunken haben. Alternativ macht auch schon einmal Whisky die Runde. Das ist ebenfalls zu den lebensrettenden Maßnahmen zu zählen.

Außer den Fuchsjagden finden auch *stag hunts* statt, die Jagden mit Pferd und Meute auf kapitale Hirsche. Entgegen landläufiger Meinung zerreißen die Hunde (*stag hounds* – die größeren Verwandten der *fox hounds*) ihr Opfer nicht, wenn sie es stellen, sondern warten, bis die Jäger mit den Gewehren kommen. Allerdings werden Geschichten erzählt, daß es bereits Hirsche gab, die in ihrer Verzweiflung keinen anderen Ausweg sahen, als sich über die Klippen in den Tod zu stürzen.

Gegnern der Jagd hält man im Exmoor entgegen, daß es sich bei der Jagd auch um einen Arbeitgeber handelt, von dem viele Arbeitsplätze und Einkommen abhängen. An der Spitze steht die Person, die die Zwinger betreibt, in denen die Hunde leben. Dann gibt es die Pferdepfleger und die Geschäfte, die alles zur Ausstattung und Versorgung des Pferdes verkaufen. Nicht zuletzt sind auch die einsam gelegenen Gasthöfe zu nennen, zu denen die Treffen zahlreiche Menschen locken, die auch verköstigt werden müssen.

Was man letztendlich auch von der eigentlichen Jagd halten soll: Malerisch sieht es aus, wenn man an einem klaren Herbstmorgen in Dunster auf Reiter und Hunde trifft. Aus den Schornsteinen der jahrhundertealten Cottages steigt der Rauch auf, die Nüstern der Pferde dampfen in der Kälte. Das leuchtende Rot der Röcke hebt sich von den gedeckten Farben des Herbstes ab. Pferde wiehern, Hunde bellen, und über allem liegt das Trappeln der Hufe auf dem Kopfsteinpflaster.

Eine Art Schlußwort

There came this day and he was autumn.
His mouth was wide
And red as a sunset.
His tail was an icicle.

Ted Hughes,
There came a day (Season Songs)

Wir sind auf den letzten Seiten des Buches angelangt. Zeit, sich mit der südenglischen Einstellung zu Schlußkapiteln zu beschäftigen, weniger literarisch, sondern vielmehr eine heiter bis nachdenkliche Betrachtung über diverse Schlußkapitel im Leben der Südbriten.

Fangen wir an mit dem Greifbarsten, den Möbeln: Sperrmüll gibt es in England nicht. Erst, wenn gar nichts mehr geht – und das heißt wirklich gar nichts – wandert ein Möbelstück zur *tip*, zu einer Art Müllkippe, aber einer der feineren Art. Es handelt sich um eine für den Verbraucher wunderbare Einrichtung, die deutschen Behörden allerdings die Tränen in die Augen treiben würde.

Von Kent bis Cornwall hat fast jeder Ort seine *local tip*, eine Reihe großer Müllcontainer, an einem gut erreichbaren Platz. Egal, ob Bauschutt, Hausmüll, Gartenabfälle oder alte Farben – auf der *tip* wird man alles los. Und das zu allen Uhrzeiten. Selbst sonntags kann man bedenkenlos seinen Müll abgeben.

Wer sich nicht ganz sicher ist, welcher Container der richtige für seinen ganz speziellen Müll ist, fragt einfach den *tip*-Aufseher, der sein Büro in einer kleinen Blechhütte hat, die mit Wasserkessel, einer bunten Ansammlung von Teetassen und geblümten Vorhängen häuslich eingerichtet ist.

Sollte man ein Stück dabeihaben, das eigentlich doch zu gut zum Wegwerfen ist, aber noch keinen anderen Abnehmer gefunden hat, vertraut man es dem Aufseher an, der dieses Stück gegen ein geringes Entgelt wieder an Liebhaber abgibt. Kein Engländer, der nicht erst einmal dort nachschaut, ob er dort nicht noch einen Schatz findet.

Bis ein Möbelstück auf der Mülldeponie landet, hat es einen weiten Weg hinter sich. Nicht umsonst gibt es den Spruch »One man's junk is another man's treasure«, der Müll des einen ist der Schatz des anderen. Wenn ein Engländer etwas loswerden will, versucht er zu verkaufen, was auch immer es ist, beim Flohmarkt in der eigenen Garage, beim Gebrauchtwarenverkauf auf oder vor der Laderampe des Autos, in Trödelläden, auf Hinterhof-Auktionen oder, wenn es sich um einen echten Wertgegenstand handeln sollte, im Antiquitätengeschäft. Alternativ spendet man das gute Stück dem Wohltätigkeitsladen, der es wiederum zugunsten eines Hospizes, Kinderkrankenhauses oder einer Tierauffangstation verkauft.

Andersherum funktioniert die Geschichte natürlich auch: wer etwas braucht, wird genau dort anfangen zu suchen. Halten Sie Ausschau nach Anschlägen, die einen Gebrauchtwarenverkauf ankündigen – Sie werden sich wundern, was man dort alles für einen Pfennigbetrag erwerben kann. Selbst wenn Sie selber gerade nichts brauchen, machen Sie sich den Spaß und feilschen um einen alten, silbernen Kerzenständer oder einen Ohrring. Das gehört zum englischen Alltag wie auf einen orientalischen Basar.

Etwas Neues kaufen Engländer nur im äußersten Notfall oder wenn man zur bedauernswerten Schicht der *nouveau riches* gehört, die nicht wissen, was sie mit ihrem erst in dieser Generation angehäuften Geld anfangen sollen. Dementsprechend haftet Funden, egal ob von der Müllkippe oder aus dem Trödelladen, auch nichts Anrüchiges an. Wenn man dabei auch noch ein erfolgreicher Schnäppchenjäger war, um so besser. Außerdem, ein weiterer, nicht unerheblicher Vorteil: sehen die Fundstücke doch nicht so schrecklich neu aus.

Nicht umsonst verdanken wir England die Mode der »gequält« aussehenden Möbelstücke. Für die finanzstarken Schichten, die keine Zeit haben, zu Flohmärkten zu gehen, gibt es nagelneue Schränke und Stühle, die so aussehen, als hätten -zig Generationen ihre Füße daran geschabt und genauso viele Generationen keine Zeit gehabt, das Möbelstück neu zu lackieren. Wie gesagt, offenkundig neue Sachen gehören einfach nicht zum feinen englischen Stil.

Außerdem ist Sammeln in England eine nationale Leidenschaft. Die »BBC Antiques Road Show« ist einer der Renner, die zur besten Sendezeit über den Bildschirm flimmern. Alt und jung tragen ihre Schätze zu den Experten der Show, die das ganze Jahr über durchs Land zieht und in großen Hallen Station macht. Der Rest der Nation klebt vor dem Fernseher, bestaunt die alten Stücke und hofft, ähnliches im eigenen Haus oder Schuppen zu haben.

Da hat sich schon manch alte Kommode als wahres Juwel und das im Schuppen verstaubende Gemälde als Meisterwerk entpuppt, das viele tausend Pfund wert ist.

Die Show ist so unspektakulär, daß sie den Namen Show eigentlich gar nicht verdient. Im deutschen Fernsehen wäre sie undenkbar. Passiert doch im Prinzip eine Stunde lang gar nichts, außer daß alte Vasen, Löffel und Puppen andächtig in die Kamera gehalten werden. Ein Schnitt erfolgt erst, nachdem gezeigt wurde, wie einer der Gäste seine Vase oder die alte Teekanne vorsichtig von mehreren Schichten Verpackung befreit und dem Experten überreicht hat, der das gute Stück ehrfurchtsvoll entgegennimmt, dreht und wendet, ausführlich beschreibt. Irgendwann nennt er auch den von ihm geschätzten Wert. Oft liegt dieser eher im sentimentalen Bereich, denn nichts ist geprobt und daher gibt es auch keinerlei Garantie, daß tatsächlich irgend etwas Wertvolles auftaucht. Trotzdem hört man die Spannung im ganzen Land knistern.

Wolf von Lojewski hält die »BBC Antiques Road Show« für eine jener Sendungen der BBC, zu deren vollem Genuß uns Deutschen einfach die seelische Ruhe fehlt. Als weitere Beispiele nennt er den Wettbewerb im Schafehüten, bei dem man stundenlang zusehen kann, wie ein Border Collie nach dem anderen eine Herde Schafe zusammentreibt, Cricketländerspiele, die sich über den ganzen Sommer ziehen, sowie Snooker. Ich möchte noch die endlosen Golfmeisterschaften hinzuzählen. Sendungen, in denen auf wunderbar beruhigende Weise ganze Fernsehnachmittage und -abende lang nichts Nennenswertes passiert, deren Quoten aber von einer Beliebtheit (und Mentalität des Volkes) zeugen, von denen unsere Fernsehmacher nur träumen können.

Eine Kuriosität möchte ich in diesem Zusammenhang erwähnen, auch wenn sie strenggenommen fast schon nicht mehr nach Südengland gehört. Es geht um das kleine Städtchen Hay-on-Wye, ganz knapp auf der walischen Seite der Grenze zwischen England und Wales am Flüßchen Wye gelegen. Es ist *die* Pilgerstätte für alle, die alte Bücher lieben. Auf 1300 Einwohner kommen hier um die 40 Buchhandlungen, die meisten sind Antiquariate. Eines davon ist der *Hay Cinema Bookshop*: In dem umgebauten Kino stapeln sich 200 000 Bücher aus zweiter Hand. Kein Thema, zu dem man hier nichts fände. Bei *Marijana Dworski Books* gibt es Bücher in 150 Sprachen. Manche Buchhandlungen tragen verheißungsvolle Namen wie *Murder & Mayhem* oder *Outcast Books*. Sollten Sie Bücher über Bienen suchen, sind Sie im wahrscheinlich kleinsten Antiquariat von Hay, *B & K Books*, bestens aufgehoben.

Das ganze Jahr über verbringen Büchernarren aus aller Welt glückliche Stunden in den Buchhandlungen von Hay. Aber jedes Jahr Ende Mai gibt es ein ganz besonderes Highlight: Zehn Tage lang wird dann das *Hay Festival* gefeiert, ein Literaturfestival, das 2001 über 50 000 Besucher anzog. Zu den offiziellen Gästen gehörten auch Paul McCartney und Bill Clinton – letzterer beschrieb das Festival mit den Worten: »Woodstock of the mind«.

Chris Giddings verkauft zwar auch alte Bücher, aber seine Leidenschaft gehört dem Trödel und überhaupt allem, was andere ausrangiert haben. Er litt schon immer daran: »I cannot waste« – er kann nichts wegwerfen. Also hat er seine Not zur Tugend gemacht. Sein Lebensweg verlief alles andere als gradlinig, aber irgendwie hat ihn der Trödel immer wieder eingeholt.

Mitte der 1990er Jahre, als er bereits die 50 überschritten hatte, eröffnete er seine Trödelscheune mit dem doppeldeutigen Namen *Chris' Crackers* in Carhampton an der A39 nach Minehead. In dem Riesenareal des Shops kann man eine Million und einen Schatz finden. Mindestens. Alte Möbel gehören zu den gewöhnlicheren Gegenständen. Ob viktorianische Gartenwerkzeuge, alte Schrauben, Betten (-teile), Bücher, Schuhe, Reiterhelme, Pubschilder, Schaufensterpuppen, Eisenbahnzubehör (wir reden hier nicht von Spielzeugeisenbahnen) oder Kamine, Fliesen, Ziegelsteine, Rohre – es gibt alles. Manchmal muß man nur etwas länger danach kramen. Deswegen würden manche Menschen *Chris' Crackers* auch eher mit »Chris ist verrückt« übersetzen. Es ist was Wahres dran. Auf jeden Fall ist Chris kein gewöhnlicher Trödelhändler, auch wenn struppige, weiße Haare, wilder Bart, kaputter Pullover und dreckige Jeans zur Grundausstattung gehören. Aber man soll eben nie vom Äußeren auf den Menschen schließen, schon gar nicht in England und erst recht nicht im West Country.

Sein Leben begann in London als unehelicher Sohn eines Dienstmädchens, die vom 17jährigen Sohn des Hauses geschwängert worden war. Nach dieser Jungfrauengeburt, wie Chris es nennt, schwor seine Mutter zunächst einmal allen irdischen Versuchungen ab, wandte sich Gott zu und ging bei einem Pfarrer in Bloomsbury in den Dienst.

Ende der 30er Jahre war zwar die Blütezeit von Bloomsbury vorbei, der Zirkel um Virginia Woolf und Vanessa Bell längst aufgelöst, aber immer noch stand die Gegend rund ums Britische Museum in London unter dem Einfluß von Intellektuellen und Künstlern, die auch im Haus von Chris' Ersatzvater ein und aus gingen. Hope Joseph, Malerin der Newlyn Schule, wurde Chris' Patentante.

Die Frauen, die das Haus besuchten, trugen lange Hosen und rauchten Zigarren, die Möbel waren ausgesuchte Antiquitäten. Dann kam der Krieg und die Evakuierung aufs Land nach Sutton. Auch dieses Pfarrhaus aus dem 15. Jahrhundert stand voller wertvoller, alter Möbel, war ansonsten aber in einem eher beklagenswerten Zustand.

Chris war in seinem Element: als Mann im Haus (der *vicar* hatte eher intellektuelle als praktische Fähigkeiten) organisierte er, was zu Kriegszeiten schwer zu bekommen war und rettete vom Müll, was zu retten war. 1946 starb der Pfarrer, und Chris und seine Mutter kehrten nach London zurück.

Das Zwischenspiel in der Metropole dauerte nur drei Jahre, brachte Chris aber weitere wichtige Erfahrungen. Seine Mutter nahm eine Stelle in der anthroposophisch orientierten King Alfred Schule an und Chris bekam dort einen Freiplatz. Wieder war er umgeben von Künstlern (eine der Lehrerinnen war die Mutter des Jazz-Musikers Chris Barber), Intellektuellen und liberal-denkenden Menschen. Die Unterkunft von Mutter und Sohn in einem Zimmer mit Küchenzeile im Londoner Eastend war der krasse Gegensatz: von Antiquitäten keine Spur, hier hausten sie zwischen Apfelsinenkisten.

So verlief das Leben von Chris geprägt von ständigen Gegensätzen, aber nie dem Schicksal ergeben. 1949 heiratete seine Mutter einen Farmer in Sutton. Wieder war kein Geld da, Möbel gab es auch keine. Dafür aber gab es unweit des Farmhauses eine Müllhalde, auf der Chris seinem Hobby nachgehen konnte, Dinge zu retten, die eventuell noch irgendeinen Nutzen haben könnten.

Bei der Einrichtung des Farmhauses kam Chris nicht nur seine Affinität zum Müll zugute, sondern vor allem sein Charme, der ihm die Freundschaft zu einem russischen Grafenpaar in der Nachbarschaft einbrachte. Sie verkauften Chris für einen Shilling eine spätviktorianische Couch aus Rosenholz mit elfenbeinernen Intarsien – noch über 50 Jahre später freut sich Chris darüber.

Mit 15 verließ Chris die Schule, um auf der Farm seines Stiefvaters zu arbeiten – Chris grinst, er sei ein schrecklicher Teenager gewesen. Mit 17 hatte er genug davon und wanderte nach Kanada aus, aber 18 Monate später kam er schon wieder zurück. Dann ging er nach Zypern, wo er seinen Wehrdienst ableisten mußte. Mit 21 Jahren war er wieder in England, doch nicht für lange. Immer wieder reiste er quer durch Europa, verdiente sich Geld, indem er Möbel kaufte, die kein anderer Händler wollte, und sie dann um einiges teurer wieder verkaufte.

Wie so viele seiner Landsleute verspürte Chris immer wieder diese typisch englische »Wanderlust« (übrigens ein deutsches Wort, das – wie zum Beispiel »Angst« – Einzug in den englischen Wortschatz gefunden hat), die von einer von keinem Sicherheitsdenken beschwerten Lust auf die Welt zeugt. Von ungewissen Bedingungen am Reiseziel hat sich noch nie ein Engländer abschrecken lassen. Als es noch das British Empire gab, machten sich Männer und Frauen bedenkenlos nach Indien oder Australien auf, ohne zu wissen, was sie dort erwartete.

Irgendwann ging Chris dann nach Spanien, traf dort das Mädchen, das noch heute seine Frau ist, und kehrte schließlich nach London zurück. Um seine junge Familie zu ernähren, gab Chris die alten Möbel auf und nahm einen Vertreterjob an. Eines Tages im Jahre 1968 auf der A38 – Chris weiß noch ganz genau, wo – kam ihm eine erschreckende Erkenntnis: er verkaufte etwas, was kein

Mensch brauchte, und hatte nicht einmal Spaß dabei. Sein Leben war ihm zu sinnlos geworden. Also schmiß er auf der Stelle seinen Job, vermietete die Hälfte seines Hauses und begann wieder, mit gebrauchten Möbeln zu handeln. Erst an einem Stand, nach kurzer Zeit in einem eigenen Geschäft in Bristol.

Dank seiner Persönlichkeit und seines Fachwissens florierte der Handel. Bis er eines Tages genug davon hatte, den Laden verkaufte und samt Familie an den Rand vom Exmoor zog.

Sein erster Versuch, sich zur Ruhe zu setzen, war nicht von Erfolg gekrönt. Als sich die Möglichkeit ergab, in der alten Scheune an der A39 in Carhampton eine Art Gebrauchtwaren-Bauhof, in dem man alles von antiken Dielen über jahrhundertealte Dachschindeln und historische Gartentore bis hin zu Kaminen findet, einzurichten, zögerte er nicht lange.

Jetzt ist es für Chris wirklich an der Zeit, sein Reich in Carhampton einem Jüngeren zu übergeben und einen erneuten Anlauf Richtung Ruhestand zu machen. Die Gesundheit macht nicht mehr so mit, wie Chris es gerne hätte. Erst wollte sein Sohn Tristan in seine Fußspuren treten, doch nach Reisen durch China und Australien hat er sich nun für eine Karriere als Koch entschieden.

Dafür ist nun Peter gekommen. 26 Jahre jung, voller Energie und Pläne, und wie Chris am Rande von Mülldeponien groß geworden. Sein Vater betreibt einen Schrotthandel südlich von London. Jetzt aber lebt Peter mit seiner Schäferhündin Charly Charly in einem Wohnwagen mitten im Exmoor in der Nähe des Stausees Wimbleball Lake, sozusagen *in the middle of nowhere.*

Während er an der Theke von Chris' Crackers (eine Art

Glasvitrine mit Büro- und Kassenfunktion) zwischen alten Plattenspielern, Kriegsorden und undefinierbaren Einzelteilen in einer feinen Porzellantasse Tee serviert, erzählt er von den Rehen, die man nicht weit von seinem Wohnwagen beobachten kann. Die Jagdrechte in diesem Revier gehören angeblich Paul McCartney, doch das nur am Rande.

Auch Peter hat sich mit Herz und Seele dem Trödel verschrieben. Mag ihm auch Chris' Bildung fehlen, in punkto Charme, Cleverness und Enthusiasmus steht er ihm in nichts nach. Eine Schultafel am Ende des Grundstücks weist heute in weißer Kreide vorbeifahrende Autofahrer darauf hin, daß sie gerade den größten und besten Trödelladen des West Country passiert haben. Die Rechtschreibung ist etwas eigenwillig, und ob es wirklich der größte Trödelladen ist, sei dahingestellt. Aber eines ist gewiß: Chris' Crackers ist auf seine Art einmalig.

Das gilt auch und besonders für die Menschen, die hier arbeiten, Chris, Peter und nicht zu vergessen Beech, ein langhaariges und langbärtiges Unikum ohne nennenswerte Zähne, dafür immer mit Wollmütze, dessen Alter irgendwo zwischen 30 und 50 liegen könnte.

Viel sagt Beech nicht, aber wenn er sich einmal für jemanden erwärmt hat, dann philosophiert er gerne lang und langsam über seinen Wochenablauf, vor allem seinen freien Tag, und seine Lebensgefährtin. Manchmal sitzt Beech so lange unbeweglich auf einem Stuhl zwischen Bergen von Schrott im Hof, daß man meinen könnte, er gehöre zum Inventar. Nur die langsam aufsteigenden Zigarettenwölkchen verraten ihn. Dabei hat er aber alles im Blick, inklusive der Kennzeichen der Autos suspekter Kunden, die er aufschreibt für den Fall, daß nachts ungewünschter Besuch kommen sollte.

Da sehen die Trödelläden an der Südküste doch anders aus. Sie sind vor allem in den feineren Seebädern sauber und aufgeräumt, die Inhaber haben mit Chris, Peter und Beech nicht viel gemeinsam. Insider raten Leuten, die auf der Suche nach einem noch gut erhaltenen, aber erschwinglichen Möbelstück sind, einen Besuch in diesen Seebädern, in denen ältere Menschen, die es sich leisten können, den Herbst ihres Lebens verbringen. Sidmouth ist zum Beispiel so ein Ort. Oft schwebt ein Hauch von Melancholie über diesen Seebädern, schließlich sind die Pensionäre letztendlich zum Sterben hierhergekommen. Es mag makaber klingen, aber dieser Tatsache ist es zu verdanken, daß die Trödel- und Antiquitätengeschäfte voll sind mit gediegenen Möbeln, geputztem Tafelsilber und gutem Geschirr.

Die Städtchen sind auch auf die Bedürfnisse der weniger betuchten Senioren eingestellt. Restaurants und Pubs propagieren auf großen Bannern ihr Angebot von OAP *meals*. OAP steht dabei für *old age pensioner*, Altersrentner, denen man günstige Seniorengerichte bietet.

Dank des gemäßigten Klimas der Südküste läßt sich auch der lange und dunkle englische Winter ertragen, der ansonsten für viele Senioren ein großes Problem darstellt: Die Häuser sind schlecht isoliert, Heizungen teuer und die Rente knapp. Da bleibt überraschend vielen alten Menschen nur die Wahl zwischen Wärme oder Essen.

Energieunternehmen sammeln unter ihren wohlhabenderen Kunden Geld und spenden auch selber, damit alte Menschen nicht frieren müssen. Auch die Gemeinden haben verschiedene Aktionen ins Leben gerufen, um die Isolierung der Häuser zu fördern und notleidenden Mitmenschen zu helfen.

Im Gegensatz zu Deutschland, wo das Gesetz ziemlich genau vorschreibt, was mit den sterblichen Überresten eines Menschen zu passieren hat, läßt England den Hinterbliebenen eine größere Auswahl an Möglichkeiten. Es besteht zunächst die Wahl zwischen Erdbestattung und Einäscherung, die sich im protestantischen England großer Beliebtheit erfreut – über 70 Prozent sind Feuerbestattungen. Allerdings müssen in England Urne und Sarg nicht unbedingt auf einem Friedhof beerdigt werden. Im Falle der Erdbestattung auf privatem Boden sollte man nur das Einverständnis des Grundstückeigentümers haben und mit der örtlichen Umweltbehörde sprechen. Die Bestattung sollte auf irgendeine Weise dokumentiert werden – diese Unterlagen sollten, so rät die Verbraucherzentrale *Office for Fair Trading*, in der Nähe von anderen wichtigen Grundstückspapieren aufbewahrt werden. Ist der Leichnam erst einmal beerdigt, darf er allerdings nicht mehr ohne das Einverständnis des *Home Office* (Innenministeriums) wieder ausgegraben werden.

Im Prinzip können die Hinterbliebenen auch mit der Asche machen, was sie wollen oder was der Verstorbene verfügt hat. Henry Pulling, zum Beispiel, Hauptperson in Graham Greenes Roman »Die Reisen mit meiner Tante« stellt die Urne mit der Asche seiner Mutter auf eine schöne Säulenplatte mitten zwischen seine Dahlienzucht. Der Autor Graham Swift hat dem letzten Wunsch eines Verstorbenen einen ganzen Roman, »Letzte Runde«, gewidmet: Jack Dodd hatte sich gewünscht, daß seine Freunde einen Ausflug nach Margate machen, um von der Landungsbrücke aus die Asche ins Meer zu verstreuen. Ohne Trauerfeier und großes Brimborium.

Das ist im richtigen Leben wie in der Literatur: Der

Ethnologe Nigel Barley zitiert in seinem Buch »Traurige Insulaner« ein Gespräch mit dem *undertaker* (Bestattungsunternehmer) Don Moar. Dieser berichtet, daß die meisten Hinterbliebenen die Asche im sogenannten »Garten der Erinnerung« des Krematoriums verstreuen lassen. Andere stellen sie in modernen Urnen auf den Kaminsims oder tragen sie zum Cricketfeld, Fußballplatz oder an andere Lieblingsplätze des Verstorbenen. Es sei aber auch schon vorgekommen, daß jemand für die Asche zwölf Streichholzschachteln mitgebracht habe, um sie an Familienangehörige zu verteilen. Douglas Peacock, ein lieber alter Bekannter, hat seine Asche um eine Bank streuen lassen, die er oberhalb von St. Audreys Bay in den Quantocks in Gedenken an seine bereits lange vor ihm verstorbene Frau Audrey hatte aufstellen lassen. Hier hatten die beiden einst glückliche Zeiten verlebt – was sollten seine Überreste auf einem Friedhof, wo seine Kinder zur Grabpflege verpflichtet waren. Die englischen Gräber bieten ohnehin einen bescheideneren Anblick als die bei uns: Meistens stehen nur windschiefe Gedenksteine und Kreuze auf einer Wiese, in der im Frühling Osterglocken, Wiesenschaumkraut und wilde Primeln für Farbtupfer sorgen. Die Gräber selbst sind in der Regel unbepflanzt.

Ab Ende Oktober, Anfang November sprießt auf einmal blutroter Pappmohn auf den Gräbern und an den Revers der Menschen: *Red poppies* (roter Mohn) aus dickem Papier erinnern an die Gefallenen der Kriege und gedenken aller Verstorbenen. Am 11. November ist *Remembrance Day*, der zurückgeht auf den 11. November 1918, als um 11 Uhr der Waffenstillstand den Ersten Weltkrieg beendete.

Noch heute beginnen die Gedenkfeiern dieses Tages, der bis 1945 Armistice Day (Waffenstillstandstag) hieß und unter dem Motto »Lest we forget« (damit wir nicht vergessen) steht, um 11 Uhr mit den Worten »We have come together on the 11th day of the 11th month in the 11th hour«.

Der rote Mohn ist ein Sinnbild für die Felder in Flandern, wo tausende Soldaten im Stellungskrieg ihr Leben verloren. Verewigt wurden diese durch die Blumen und das Blut der Gefallenen tiefrote Landschaft bereits im Mai 1915 durch Oberstleutnant John McCrae vom *Royal Canadian Army Medical Corps*, der als Arzt an der Front bei Ieper in Belgien im Einsatz war, durch das Gedicht »In Flanders Fields«. Er widmete es den gefallenen Kameraden:

In Flanders fields the poppies grow
Between the crosses, row on row
That mark our place; and in the sky
The larks, still bravely singing, fly
Scarce heard amid the guns below. [...]

In den Feldern Flanderns wächst der Mohn
zwischen den Kreuzen, Reih' um Reih',
die unseren Platz markieren; und hoch am Firmament
die Lerchen, mutig singend, fliegen,
kaum gehört im Lärm der Gewehre. [...]

Poppies wurden in England erstmals am 11. November 1921 von Mitgliedern der *Royal British Legion* verkauft, um mit dem Erlös den Kriegsheimkehrern zu helfen. Noch heute hat jeder Ort in England eine *Royal British Legion*. Das ist ein Verein für ehemalige Soldaten und ihre Angehörigen, der abends auch als Pub fungiert. Hier wird Bingo gespielt und Geld gesammelt. Denn noch immer gibt es in England Soldaten und Soldatinnen, die im Einsatz für ihr Land verletzt worden sind und teure medizinische Betreuung benötigen. In Watchet, zum Beispiel, liegt die *Royal British Legion* versteckt in einer Nebenstraße, nur erkennbar an der britischen Flagge, die vor dem Haus weht. Schauen Sie dort ruhig mal rein, auch wenn an der Tür steht »Members only« – Besucher können für einen Abend Mitglied werden und sind immer gern gesehen.

Poppies gibt es ab Ende November in fast allen Geschäften. Der Karton steht im Supermarkt, beim Zeitschriftenhändler und in der Buchhandlung direkt neben der Kasse. Gegen eine kleine Spende dürfen Sie sich Ihre *poppy* aussuchen und mit einer Stecknadel ans Revers heften.

Zum *Remembrance Day* werden an den Denkmälern für die Kriegsgefallenen Kränze aus *poppies* niedergelegt. Ein Hornist spielt den Zapfenstreich (»Last Post«), dann folgt eine zweiminütige Stille. Bevor zum Ende der Veranstaltung der Hornist den Weckruf bläst, wird ein Redner der Gefallenen gedenken und dabei aus dem Gedicht »For the Fallen« von Laurence Binyon (1869–1943) folgende Zeilen zitieren:

They shall grow not old, as we that are left grow old.
Age shall not weary them, nor the years condemn.
At the going down of the sun and in the morning
We will remember them.

Doch der Winter in Südengland hat nicht nur trübe und traurige Seiten. Bereits am 5. November feiert das ganze Land *Guy Fawkes Day* mit Feuerwerk und Lagerfeuern, bei denen Strohpuppen verbrannt werden. Guy Fawkes (1570–1606) hatte sich dem sogenannten *Gunpowder Plot* angeschlossen, das König James I. und das ganze Parlament in die Luft sprengen wollte. Am 5. November 1605 wurde Fawkes jedoch im Keller des Palasts von Westminster mit Sprengstoff entdeckt, der Anschlag ward vereitelt und die Übeltäter hingerichtet.

Damit es zwischen den Festlichkeiten nicht langweilig wird, veranstalten fast alle Pubs sogenannte *quiz nights*, an denen natürlich auch Touristen teilnehmen können. Teams spielen eine Art Trivial Pursuit gegeneinander. Wohl dem, der sich in englische Fernsehsoaps und bei britischen Sportlern auskennt. Oft haben Pub ihr eigenes Hausteam. Jede Woche trifft man sich dann in einem anderen Ort und tritt gegeneinander an.

Mit dem Dezember kommen die Weihnachtsvorbereitungen. In ganz England blinken überdimensionale Weihnachtsmänner, Schlitten, Rentiere und Sterne in vielen Farben von Häuserwänden und Dächern. Von Besinnlichkeit und ruhiger Adventsstimmung keine Spur. Deshalb möchte ich Sie noch einmal ins Exmoor entführen, wo es noch alte Traditionen und Bräuche gibt, fern vom Einkaufsrummel um die letzten Geschenke.

Es fängt an mit *Dunster by Candle Light*, einem Wochenende Anfang Dezember, an dem die Straßenbeleuchtung ausgeschaltet wird und nur Kerzen das Dorf Dunster erhellen. Im Schloß finden Konzerte statt, in der Kirche werden Weihnachtslieder gesungen, die Leute schlendern durch die Straßen, schlemmen in den Tea Rooms *mince pies* und in den Restaurants das erste Weihnachtsessen des Jahres. Aber vor allen Dingen genießen sie die Atmosphäre. Und mindestens ein, zwei Gläser Sherry.

Das Wochenende ist inzwischen so populär, daß die Restaurants, Hotels und Pensionen des kleinen Ortes schon Monate im voraus ausgebucht sind. Auch die Anreise läßt sich stilvoll gestalten: Kommen Sie mit der Dampfeisenbahn nach Dunster – Die *West Somerset Steam Railway* verbindet Minehead mit Taunton. Doch für den speziellen Anlaß gibt es sogar Zubringer von Bristol und anderen Bahnhöfen in Somerset.

Ein uralter Brauch im Exmoor ist das Verbrennen eines Bündels Eschenholz, *Ashen Faggot* genannt, zu Heiligabend im Kamin. Wahrscheinlich geht die Tradition auf die skandinavischen Mittwinterfeiern zurück. Möglich ist aber auch, daß die Menschen mit den Feiern zum *Ashen Faggot Ball* an jene kalte Nacht erinnern wollen, als die Soldaten des König Alfred herausfanden, daß sich frisches Eschenholz wunderbar für Lagerfeuer eignet.

Heute ist den meisten der Ursprung der Tradition egal, Hauptsache ist, daß man unter Freunden und in der Familie einen lustigen, nicht allzu alkoholfreien Abend verbringt. Balladen werden vorgetragen und alte Lieder gesungen, während das Feuer im Kamin prasselt und auf den Höhen von Exmoor der Schnee fällt.

Auch in anderen Gegenden Südenglands werden Events rund um Weihnachten geboten: Der *National Trust* lockt Kunden mit einem Glas Sherry in seine Shops und veranstaltet viel rund ums Fest in seinen historischen Häusern. In Killerton, Devon, kann man lernen, wie man die typische englische Dekoration des Kaminsims mit Girlanden herstellt, in Lacock Abbey in Wiltshire werden Weihnachtslieder gesungen und in West Sussex lockt eine Weihnachtsschatzsuche. Nethley Abbey in Southampton bietet einen viktorianischen Weihnachtsmarkt, und Dickensfans kommen in Rochester beim *Dickensian Christmas* auf ihre

Kosten, wo man bei sämtlichen Veranstaltungen vom Weihnachtsliedersingen über das Glockenläuten bis hin zum Straßentheater den guten, alten Bekannten aus den Romanen von Charles Dickens begegnet.

Am 25. Dezember ist es dann so weit: Am *Christmas Day* wird in England Weihnachten gefeiert. Da gibt es die Geschenke und das große Festmenü mit Truthahn und *Christmas Pudding*. Es ist der einzige Tag im Jahr, an dem sogar die Raststätten auf der Autobahn geschlossen sind. Heilig Abend ist dagegen ein fast ganz normaler Tag.

Mit dem Trubel geht es am zweiten Weihnachtsfeiertag wieder los: *Boxing Day* wird dieser Tag genannt, weil im Mittelalter am 26. Dezember in den Kirchen die *Christianity Boxes* geöffnet wurden, in denen das ganze Jahr über für die Armen der Gemeinde gesammelt wurde. Später war es üblich, daß Lehrlinge mit Sammelbüchsen zu den Kunden ihrer Meister gingen, um Geld zu sammeln.

Heutzutage steht der zweite Weihnachtsfeiertag im Exmoor ganz im Zeichen der Jagd. Schon beim Morgengrauen findet man die Reiter im Stall. Die Pferde werden gestriegelt, die Mähnen gebürstet und geflochten. Dann machen sich die Reiter fein. Zu Weihnachten ist es der beste rote Rock.

Während alle anderen noch schlafen, traben die *masters of the hunt* los. Seit Hunderten von Jahren hat sich an der Tradition nichts geändert.

Auf dem Exmoor liegt Schnee. Die Morgensonne scheint auf die verschneiten Hügel und spiegelt sich in den gefrorenen Pfützen. Die Buchenhecken tragen weiße Kappen, die vereinzelten Bäume sehen aus, als hätte sie jemand in Zucker getaucht. Krähen hocken auf Gattern. Über dem

Bristol Channel liegt noch Dunst, aber in der Ferne sind Schiffe auf ihrem Weg in den Atlantik zu sehen. Nicht lange, und die ersten Schneeglöckchen werden entlang der *country lanes* ihre vorwitzigen Köpfe aus dem Boden stekken, und ein neues Jahr beginnt.

Danksagung

When it comes to thanking people, I feel an irresistible urge to go gooey, like an actor at the Oscars, but the pleasure of recognition is tempered by the worry that I might, through a momentary lapse, forget somebody and spoil things.
Tim Smit, *The Lost Gardens of Heligan*

Die »Gebrauchsanweisung für Südengland« hat viele Geburtshelfer gehabt, ohne deren Zuspruch und tatkräftige Unterstützung Sie dieses Buch jetzt nicht in Händen halten würden. Dank gebührt vor allem meinen Agentinnen Anja und Bettina Keil für ihr unerschütterliches Vertrauen. Thomas Tebbe beim Piper Verlag hat sich von ihrem Enthusiasmus anstecken lassen und wurde hoffentlich nicht enttäuscht. Antje Steinhäuser verdanke ich Kritik, Anregung und Feinschliff. Edelgard Kloß hat ihre Buchbestände zur Verfügung gestellt und mich häufig, wie auch Uschi Pohl, bei der Recherche vor Ort begleitet. William Macnair leistete nicht nur moralische Unterstützung, und Harry Leece gab geduldig Nachhilfe beim Cricket. Vor vielen Jahren schon machten mich Mary-Grace und David Kemble auf die besonderen Eigenheiten der Landschaft und vor allem der Menschen des englischen Südens aufmerksam.

Im Laufe meiner zahlreichen Aufenthalte in Südengland haben viele Menschen bereitwillig über ihr Leben Auskunft gegeben. Manche fanden in der »Gebrauchsanweisung« namentliche Erwähnung, doch es wäre unmöglich, alle aufzuführen, die sich von mir gnadenlos ausfragen ließen. Ihnen allen ein herzliches Dankeschön!

Tips zur weiteren Lektüre

Nigel Barley, *Traurige Insulaner. Als Ethnologe bei den Engländern*, Klett-Cotta 1995
Trevor Beer, *Introducing Exmoor*, Bossiney Books 1999
Hilary Binding, *Enjoying Exmoor*, Exmoor Books 1999
Bill Bryson, *Reif für die Insel*, Goldmann 1999
Chris Chapman, *Secrets of the Levels*, Somerset Books 1996
J.M. & M.J. Cohen, *The New Penguin Dictionary of Quotations*, Penguin Books 1998
John Guest (Hrsg.), *The Best of Betjeman*, Penguin Books 2000
Ted Hughes, *Season Songs*, Faber and Faber 1985
Griff Rhys Jones (Hrsg.), *The Nation's Favourite Poems*, BBC Consumer Publishing 1996
Griff Rhys Jones (Hrsg.), *The Nation's Favourite Twentieth Century Poems*, BBC Consumer Publishing 1999
M.M. Kaye, *Rudyard Kipling: The Complete Verse*, Kyle Cathie 1996
Elke Kößling, *Das Gruselkochbuch. Grauenhaft gute Rezepte und Geschichten*, VGS Verlagsgesellschaft 2001
Philip Larkin, *Gedichte*, Klett-Cotta 1988
Tony Lord, *Sissinghurst. Der schönste Garten Englands*. Dumont 2000
Carolyn Martin, *Clotted Cream*, Tor Mark Press 2000
Ingrid Nowel, *Südengland. Richtig Reisen*, Dumont 1999

Tony Parsons, *Männlich, alleinerziehend, sucht ...*, Piper 2002

Steven Pugsley (Hrsg.), *An Exmoor Christmas*, Exmoor Books 2000

Michael B. Quinion, *Cidermaking*, Shire Publications 1997

Gary Rhodes, *New British Classics*, BBC Consumer Publishing 2000

Joanne K. Rowling, *Harry Potter und der Stein der Weisen*, Carlsen 1998

Peter Sager, *Süd-England. Von Kent bis Cornwall. Architektur und Landschaft, Literatur und Geschichte*, Dumont 2001

Tim Smit, *The Lost Gardens of Heligan*, Orion Paperbacks 2000

Godfrey Smith, *The English Companion. An Idiosyncratic A–Z of England and Englishness*, Old House Books 1996

Paul Theroux, *The Kingdom by the Sea*, Penguin Books 1985

Alan Titchmarsh, *Mr McGregor*, Pocket Books 1999

Alan Titchmarsh, *The Last Lighthouse Keeper*, Pocket Books 2000

Alan Titchmarsh, *Animal Instincts*, Pocket Books 2001

PIPER

Birgit Vanderbeke

Gebrauchsanweisung für Südfrankreich

Ca. 192 Seiten. Geb.

Pont du Gard, pittoreske Natursteinhäuser und blühender Lavendel, das ist Südfrankreich. Nicht ganz. Denn wußten Sie beispielsweise, daß »Gekochtes Wasser« zu den Spezialitäten der provençalischen Küche gehört? Daß sich die meisten Bewohner dieses Landstrichs seit Jahrhunderten weigern, an die Zentrale in Paris Steuern zu entrichten? Oder daß noch immer ein Konfessionsstreit über den Erfinder der schmackhaften Cassoulet geführt wird?
Mit genauem Blick und der ihr eigenen feinen Ironie schreibt Birgit Vanderbeke über die Leute im Süden Frankreichs, über ihren Eigensinn und ihre Fahrkünste, über Trüffelmärkte und den Ramadan in Marseille. Eine Liebeserklärung an eine der wundervollsten und zugleich vielfältigsten Regionen Frankreichs.

PIPER

Stefan Beuse

Gebrauchsanweisung für Hamburg

162 Seiten.Geb.

Wer mit dem Auto nach Hamburg will und es nicht besser weiß, fährt durch den Elbtunnel. Und zwar ganz langsam. Weil's so schön ist ...
Am Ende des Tunnels jedenfalls, wartet eine ganz neue Welt auf den Besucher. Eine Welt aus Wasser, Wind und Barbourjacken, aus rotem Backstein und prunkvollen Villen, aus Business-Tempeln und dem Geruch von Teer und Fisch. Nach dem Elbtunnel sollten Sie sich anschnallen: Vergessen Sie alles, was Sie je über Seefahrerromantik gehört haben. Über die Reeperbahn nachts um halb eins. Über die Beatles im Starclub. Über blaue Jungs und Hamburger Deerns. Hamburg ist anders. Ganz anders. Und Stefan Beuse weiß warum. Er wird Ihnen erklären, warum es so schwer ist, den Aal in der berühmten Aalsuppe zu finden, warum der Hamburger im Grunde seines Herzens schon immer ein Brite gewesen ist und warum man sich die schöne »Strandperle« nicht um den Hals hängen kann.

PIPER

Eckhart Nickel

Gebrauchsanweisung für Portugal

146 Seiten. Geb.

Noch heute geht der Blick der Portugiesen melancholisch hinaus auf den Atlantik. Mit dem Aufbruch über das Wasser nahm ihre große Zeit den Anfang, die Epoche der Eroberungen durch den legendären Seefahrer Vasco da Gama. Die Sehnsucht nach dem Glanz dieser versunkenen Zeit ist noch heute zu spüren in den *Barbearias* von Lissabon oder in den ehrwürdigen Gebäuden der Universität von Coimbra. Inzwischen ist Portugal hellwach, bei Fado und Wein wird gefeiert in den schicken Bars und Cafés von Lissabon, wo früher Pessoa an seinen Gläschen genippt hat. Und so scheint das kleine Land am äußersten Südwestrand des Kontinents spätestens seit der Weltausstellung ganz in den Mittelpunkt Europas gerückt zu sein. Mit seiner stillen Eleganz, dem brühmten *fado*, der verzaubernd traurigen Musik, und dem Eigensinn seiner Menschen hat es Eckhart Nickel, den weltreisenden Schriftsteller, auf immer für sich eingenommen. Und der weiß inzwischen neben dem unumgänglichen Portwein die portugiesische Vorliebe für *telenovelas* ebenso zu schätzen wie den Klang der zungenbrecherischen portugiesischen Sprache.

PIPER

Elfie Donnelly

Gebrauchsanweisung für Mallorca

188 Seiten. Geb.

330 Tage im Jahr scheint die Sonne, in den Tälern wuchern Orangen- und Mandelbäume, und nirgends werden so viele Feste gefeiert wie auf Mallorca. Schon Joan Miró und Frédéric Chopin priesen die Schönheit der malerischen Insel, heute pilgern Hollywoodstars und der deutsche Tennisadel nach Valdemossa oder Pollença. Kurz: Mallorca ist mit seinen Stränden, Fischerdörfern und Tapas-Bars zum Inbegriff mediterranen Lebensgefühls geworden. Dabei sind die Mallorquiner selbst durchaus gespalten angesichts der Touristenschwärme, die sommers wie winters auf die Insel der Stille kommen. Da trifft es sich, daß sie mit dem Mallorquiner fast so etwas wie eine Geheimsprache besitzen, die bisweilen auch vor der Einmischung durch spanische Regierungsvertreter schützt.
Elfie Donnelly ist es – auch ohne mallorquinischen Stammbaum – gelungen, dem eigenwilligen Inselvolk näherzukommen. Sie hilft durch den Parkplatzdschungel in Palma und das Labyrinth von San Joan, erzählt von fliegenden Enten, archaischen Mythen und Piraten und weist den Weg vorbei an Ballermann und S'arenal direkt ins Herz der Balearenperle.

Martin Pristl
Gebrauchsanweisung für Griechenland

189 Seiten mit 16 Zeichnungen von Kostas Mitropoulos. Geb.

Weiße Häuschen vor tiefblauem Himmel, der einsame Esel im Olivenhain und zerfallene Tempel in Athen – jeder kennt Griechenland. Oder glaubt es zu kennen. Und natürlich ist auch etwas dran an der Mischung aus Antike und Urlaubsland. Denn auf Schritt und Tritt stößt man auf die Zeugnisse einer großen Vergangenheit, übt der mediterrane Charme der Kultur zwischen Morgen- und Abendland seinen Zauber auf uns aus. Doch nehmen Sie sich Zeit, setzen Sie sich in ein sonnenbeschienenes Kafeníon, genießen Sie den türkischen Kaffee und schlagen Sie Martin Pristls Buch auf – er zeigt Ihnen Griechenland, wie Sie es noch nicht kennen. Er lüftet das Geheimnis um die menschenleeren, weißen Strände und rückt dem Mythos der griechischen Gastfreundschaft auf den Leib. Und bald werden Sie wissen, warum es in Griechenland doch keine Großfamilien mehr gibt, was es mit der griechischen Improvisation auf sich hat und warum dem griechischen Olivenöl übernatürliche Kräfte zugesprochen werden.

Heinz Ohff
Gebrauchsanweisung für England

182 Seiten. Geb.

England ist anders. Schon immer gewesen. Man fährt notorisch links, trägt in Gerichtssälen Perücken und verehrt zum Beginn des 21. Jahrhunderts eine Königin, Elisabeth II. nämlich und das unbeirrbar seit 1953. Von jeher messen, wiegen und berechnen die Briten anders als andere Europäer. Das soll sich auch in Zeiten des Euro noch nicht wesentlich geändert haben, sie pflegen ihre »splendid isolation«, die ihnen schon in vergangenen Jahrhunderten imperiale Größe gesichert hat.
Heinz Ohff kennt England wie seine Westentasche. Seine humorvoll ironischen Ratschläge werden Ihnen helfen, mit dem Wetter, den seltsamen Dialekten und dem gewöhnungsbedürftigen Essen dort zurechtzukommen.